AGI, 연극 이후의 연극

AI문고

인공지능 시대입니다. 기계가 인간의 인지를 대신하고, 사물이 인간을 통하지 않고 다른 사물과 직접 커뮤니케이션합니다. 이에 따른 인간 삶과 문명 변화를 정확히 이해·예측·대응하는 것은 이 시대 우리 모두의 과제입니다. AI문고는 인공지능 기술과 환경의 여러 주제를 10가지 키워드로 정리합니다. 관련 개념과 이론, 학계와 산업계의 쟁점, 우리 일상의 변화를 다룹니다. 인간과 기술의 현재, 미래를 세심히 분석합니다.

일러두기

- 인명, 작품명, 저서명, 개념어 등은 한글과 함께 괄호 안에 해당 국가의 원어를 병기했습니다.
- 외래어 표기는 현행 어문규정의 외래어표기법을 따랐습니다. 다만 '딥러닝', '딥페이크', '팔로워' 등은 관행을 따랐습니다.

처음이세요?

전문가세요?

AGI, 연극 이후의 연극

한귀은

대한민국, 서울, 커뮤니케이션북스, 2025

AGI, 연극 이후의 연극

지은이 한귀은
펴낸이 박영률

초판 1쇄 펴낸날 2025년 5월 30일

커뮤니케이션북스(주)
출판 등록 2007년 8월 17일 제313-2007-000166호
02880 서울시 성북구 성북로 5-11
전화(02) 7474 001, 팩스(02) 736 5047
commbooks@commbooks.com
www.commbooks.com

ISBN 979-11-430-0245-7 03500

책값은 뒤표지에 표시되어 있습니다.

차례

포스트휴먼, 포스트드라마

AGI(Artificial General Intelligence, 인공 일반 지능)는 인간과 유사한 수준의 지능을 갖추고, 새로운 문제를 스스로 이해하고 해결하는 인공지능을 뜻한다. AGI 시대엔 인간만 연극을 한다고 믿는 것이야말로 환상이 될지도 모른다.

AGI 관점에서 볼 때 AI는 퇴행적이다. AI는 '겨우' 특정 패턴을 학습하고 주어진 데이터를 바탕으로 인간을 흉내 내지만, AGI는 감정의 패턴을 스스로 습득하고 변형할 수 있다. AGI는 자율적으로 연극을 구성하고 시뮬레이션할 것이다.

인공지능 시대의 변화는 연극의 혁신을 가져올까, 그 자체로 연극의 종언일까. 이 질문은 잘못되었다. 문제는 기술이 연극을 대체하느냐 마느냐가 아니라 우리가 연극에서 무엇을 보고자 하는가에 있다.

데우스 엑스 마키나에서 AGI 배우까지

데우스 엑스 마키나(Deus ex machina)는 고대 그리스 비극에서 초월적 개입을 통해 서사의 얽힌 매듭을 단번에 끊어 버리는 장치였다. 이 장치로 신이 하늘에서 내려와 모든 갈등을 정리하고, 질서를 다시 회복하는 극적 대단원을 형성했다.

이 데우스 엑스 마키나의 현대 버전이 AI다. AI 시대 연극엔 데우스 엑스 마키나처럼 '기계에서 나온 신'이 아니라 '신처럼 전능한 기계'가 등장한다. AI는 작가이자 배우이며 연출가이기도 하다. 대규모 언어 모델(LLM, Large Language Model) 기반 알고리즘으로 극본을 생성하고, 뉴럴 네트워크를 통해 감정을 연기한다. 디지털 트윈으로 무대도 설계한다. 연극은 더 이상 인간만의 것이 아닌 것이 된다. '연극 이후의 연극'은 인간 중심의 창작 패러다임이 해체되는 이 시점에 새롭게 발명되어야 할 연극을 의미한다.

AI 배우는 '배우의 대체'가 아니라 새로운 연극적 가능성을 여는 존재가 될 수도 있다. 인간이 할 수 없는 방식으로 연기하며, 동시에 여러 개의 역할을 수행할 수도 있다. 시공간을 넘나드는 방식으로 연기할 수도 있다. 이제 연극은 인간과 AI가 함께 구축하는 하이브리드적 퍼포먼스이자 네트워크적 사건이 될 것이다.

다시 '연극이란 무엇인가'라는 질문에 봉착하게 된다.

연극이 단순한 재현이라면, AI가 훨씬 더 뛰어날 것이다. 연극이 그저 신체적 퍼포먼스라면, AI는 인간이 흉내 낼 수 없는 기술적 퍼포먼스를 선보일 것이다. 연극의 목표가 효과적인 감정의 전달이라면, AI가 감정에 더 효율적으로 호소하는 극본을 쓸 것이다. 아이러니는 여기서 발생한다. AI 극작가는 관객 데이터에 따라 최적화된 극본을 내놓고, 월드 모델은 현실을 정확히 재현하겠지만 예상치 못하는 지점에서 반응하는 인간의 욕망에 다다르지는 못할 것이다. AI 배우도 '완벽한 배우'가 될 수는 있겠지만 바로 그 때문에 '배우가 아닌 것'이 될 것이다. AI 배우는 매 공연마다 기복 없이, 실수 없이 연기를 수행하겠지만 바로 그 점 때문에 '연기하는 존재'로서 실패할 수밖에 없는 것이다.

인간의 욕망은 항상 빗나가고 미끄러지며 반복 속에서 균열을 드러낸다. 이 욕망은 결코 주어진 대상에 의해 완전히 충족되지 않으며, 그 부재의 감각이야말로 주체를 구성한다. AI는 이러한 '욕망의 오류'를 구현하지 못한다. 그것은 욕망하지 않기 때문이다. 욕망의 대상이 무엇인지 알지 못하는 존재만이 진정 욕망할 수 있다. AI 배우는 오히려 욕망의 무대를 박제해 버리는 존재다. 그것은 완벽한 반복을 수행하지만 '차이'를 생성하지 못한다.

연극 이후의 연극은 기술이 연극을 대체하는 시점 이후에도 연극성(theatricality)이 여전히 잉여적으로 남아 있는 어떤 상태를 의미한다. 연극 이후의 연극은 기술이 계산해 낼 수 없는 인간의 분열을 무대 위에 지속적으로 (비)재현하는 실패의 반복이다. 이 실패의 필연성 안에 연극의 미래가 있을 것이다.

언캐니 밸리는 지속되어야 한다

인공지능 연극에 대해서는 양가적 관점이 공존한다. 하나는 AI 연극이 자본주의적 문화 산업 속에서 신기술로만 소비된다는 비판이다. '연극의 미래'라는 명목하에 기술 기업과 공연 산업은 이를 홍보하고, 관객은 그것을 새로운 구경거리로만 받아들이게 된다는 것이다. 이 과정에서 '비인간'을 스펙터클로만 대상화하고, 결국 '인간'에 대한 사유도 스스로 박탈하게 된다. 이로써 공연 예술을 기술적 신기루로만 소비하고 연극은 왜곡될 수밖에 없다는 우려가 발생한다.

이와는 반대로 AI 연극이 포스트휴머니즘적 전환 속에서 연극이 어떻게 변화해야 하는지를 사유하는 계기를 부여한다는 관점도 있다. 포스트휴머니즘은 인간 중심주의에서 벗어나 인간과 비인간 사이의 관계를 새롭게 탐구하는 철학적 · 예술적 흐름이다. 결국 AI 연극의 양가성은 AI 자체에 있는 것이 아니라 그것을 바라보는 인간의 태도에서 비롯된다.

이런 관점에서 AI에 대해 갖는 불편한 정서인 언캐니 밸리(uncanny valley)는 극복해야 할 기술적 장애가 아니다. 이 기묘한 감정은 인간과 기계 사이의 경계를 가시화하고, '인간성'을 어떻게 정의할 것인지 재검토하게 만들 것이다. AI 배우가 '자연스럽게' 보이도록 기술을 발전시켜야 하는 것이 아니라, 그 부자연스러움이 연극에 드러나지 않을 수 없도록 하는 것 또한 필요하다. 그렇게 할 때, AI 연극이 기술적 쇼케이스가 아니라 포스트휴머니즘적 사유의 장이 될 수 있다.

문제는 언캐니 밸리를 계속 유지하는 것은 불가능에 가깝다는 점이다. AI 기술은 비약적으로 발전하고 있으며, 인공지능이 자체적으로 감정과 인격을 시뮬레이션할 수 있는 AGI 시대도 예측되고 있다. 게다가 AI 연극은 시장 논리와 대중의 스펙터클을 향한 욕망과 맞닿아 있다. 대중은 '진짜보다 더 진짜 같은' 시뮬레이션을 원한다. 그리고 자본은 이 욕망을 충족시키기 위해 기술을 가속화할 것이다. 언캐니 밸리는 기계와 인간이 구별되던 시절에 대한 노스탤지어가 되고, 이 '기괴함'의 정서를 애도하게 될지도 모른다.

언캐니 밸리를 잃은 후, AGI 배우가 인간 배우보다 더 완벽하게 감정을 연기하는 순간을 맞이할 수도 있다. 그러나 인간이 무대 위에서 자신을 의심하고 흔들리고 질문하는 것이 연극이라면, AI는 그것을 대신할 수 없다. 인간은 완벽하게 감정을 연기하는 존재가 아니라 '진짜 감정'을 연기하는 존재를 원하기 때문이다.

이 지점에서 의혹이 비집고 든다. '진짜 감정'을 연기한다는 것은 무엇을 의미하는가. 인간 배우조차 훈련된 표정과 몸짓을 모방하고 있었던 것은 아닌가. 정교하게 훈련된 AGI 배우가 연기를 하고 관객이 그것에 감응한다면, 그 감응 때문에 충격을 받고 분열되는 것이 아니라 인간의 연기 역시 훈련된 모방이라는 의혹 때문에 불안할 것이다. 그리고 이 불안을 연극 이후의 연극에 대한 문제 제기로 삼아야 한다.

결국 언캐니 밸리조차 인공지능 안드로이드에게서 느끼는 불쾌함이 아니다. 그것은 인간 존재를 의심하게 만드는 불편함이다. AGI 안드로이드가 온전히 인간 같더라도, 바로 그 점 때문에 언캐니 밸리의 감각을 유지해야 한다. 안드로이드 배우를 인간과 동일화하지 말아야 한다. 이 비동일화에 인간과 비인간 사이의 윤리가 작동한다. 동일화는 비인간을 존중하게 만드는 것이 아니라, 인공지능 안드로이드를 인간의 '복제품'으로 규정하게 하고 이 때문에 인간 중심적인 태도가 더 강화된다. 비동일화는 비인간의 '타자성'을 훼손하지 않게 하고, 이에 대한 인간의 성찰을 지속시킨다. AI는 단지 도구도 아니며 동일화의 대상도 아니다. 이 딜레마 위에서 인간과 비인간이 공존하는 새로운 방식의 윤리를 고민할 수 있다.

가장 최적화된 감동

자연스러운 기계 장치는 언제나 연극의 꿈이었다. 다빈치(Leonardo da Vinci)는 그 꿈을 도면 위에 설계했고, 18세기 보캉송(Jacques de Vaucanson)은 '기계 오리'를 만들어 움직이게 했다. 보캉송의 기계 오리는 오늘날의 로봇 배우, 피지컬 AI 휴머노이드 배우로 이어진다. AI는 딥러닝을 통해 인간이 감동하는 방식, 두려움을 느끼는 방식, 사랑을 경험하는 방식을 학습한다. 더 나아가 인공지능이 만들어 가는 연극에서 감동은 보장될 것이며, 관객 반응은 실시간으로 조정될 것이다. 이것은 연극일까 아니면 프로그래밍된 퍼포먼스일까. 인간 배우가 즉흥적으로 만들어 내는 혼란보다 AI가 계산한 감동이 더 정교하다면 인류는 어떤 연극을 선택하게 될까.

'인간의 연극'을 보고 싶다는 슬로건이 걸리겠지만 이미 현대인은 AI가 큐레이션한 감정을 소비하고 알고리즘이 제안하는 극적 순간에 반응하며, 소셜 미디어에서 '좋아요'로 표시된 타자의 욕망에 따라 연기하고 있다. 현대인의 삶은 이미 알고리즘적 극본 속에 편입돼 있으며 감정마저 자동화되고 있는 것이다.

흥행한 영화나 드라마엔 기존의 코드를 조합하고 반복한 흔적이 역력하다. 감동 유발을 위한 패턴화가 눈에 띈다. 만약 감동이 패턴으로 환원될 수 있다면, 가장 감동적인 배우는 인간 배우가 아니라 정교한 신경망을 갖춘 AGI 배우일 수 있다. 그리고 만약 대중의 호응을 불러일으키는 사건과 감정을 재현하는 것이 연극이라면, 인간만이 연극을 할 수 있다는 생각 자체가 얼마나 순진한 믿음일까.

기계를 대하는 태도의 역설이 여기에 있다. 인간은 기계를 인간처럼 만들려 하지만, 정작 기계가 인간을 닮아갈 때 불안을 느낀다. 그러나 이 불안은 기괴함이나 낯섦 때문이 아니다. 인간 자신이 기계적 패턴을 반복하고 있다는 인지 부조화 때문이다. 인간이 기계를 프로그래밍한다고 생각하지만, 정작 기계적 규율과 알고리즘적 사고방식에 의해 프로그래밍되는 것은 인간 자신이라는 자각이 인간을 혼란스럽게 한다.

자유 의지 또한 확률적 예측으로 환원될 수 있다는 불안이 AI의 발전과 함께 심화된다. 그리고 이 불안은 더욱더 일상을 최적화된 루틴 속에서 반복하게 만든다. 인간은 기계를 만들고, 기계는 인간을 재편하고 있는 것이다. 인류는 AI에게 인간성을 부여하려 하지만 정작 인류는 인간성을 유지하고 있을까. 기계가 인간과 흡사해지는 순간, 인간적 특권은 사라지고 '인간 이후'의 시대는 존재론적 위기에 다다르지 않을까. 'AI가 인간처럼 행동할 수 있는가'가 아니라 '인간은 AI처럼 행동하지 않을 수 있는가'라는 질문으로 바꿔도 마찬가지다. 이 질문조차 AI에 대한 맹목적인 불안에서 비롯된 것이기 때문이다.

포스트드라마 연극－르파주(Robert Lepage)의 다중 미디어 연극, 펀치드렁크(Punchdrunk)의 이머시브 연극(immersive theatre), 리미니 프로토콜(Rimini Protokoll)의 리모트 X(Remote X) 시리즈, 히라타 오리자(平田 オリザ)의 휴머노이드 연극－은 이러한 불안을 정면으로 마주하고 있다.

르파주의 다중 미디어 연극은 서사의 연속성을 해체하고 현실과 가상 현실의 경계를 와해시키며, 관객을 끊임없이 변화하는 이미지가 투사된 공간으로 끌어들인다. 펀치드렁크의 이머시브 연극은 극의 구조 자체가 관객의 선택에 의해 변형되는 방식으로 설계된다. 관객은 자유롭게 움직이며 공연에 개입하게 된다. 리모트 X 시리즈는 연극적 경험을 무대 밖으로 확장시키며, 관객을 도시의 거리 속으로 몰아넣는다. 관객은 헤드폰을 착용한 채 도심을 돌아다니면서 사전에 녹음된 내레이션을 따라가며 특정한 행동을 수행한다.

이런 급진적 연극조차 AI의 발전에 따라 붕괴될 위험이 있다. 르파주의 연극은 보드리야르(Jean Baudrillard)가 말하는 '시뮬라크르(simulacre)' 형식을 따른다. 시뮬라크르는 현실을 반영하는 것이 아니라 자체적으로 자율적인 현실을 생산하는 것이다. 이것은 '더 진짜 같은 가짜'를 향유하도록 유도하는 장치가 된다. 르파주의 연극은 그것이 더 정교하면 정교해질수록 관객이 이미지의 효과 속에서 '사실보다 더 사실 같은' 스펙터클을 소비하는 것에 그치게 할 수도 있다.

가상 현실(VR)과 결합한 VR 이머시브 연극 또한 경계선상에 놓여 있다. 관객은 무한한 자유 속에 놓여 있다고 생각하겠지만, 이것은 이미 구조화된 알고리즘 속에서 결정된 선택지를 따라가는 것일 수 있다. 마치 자본주의 사회에서 자유롭게 선택하고 있다고 믿지만, 사실상 정해진 파라미터 내에서만 움직이는 것과 다르지 않다. 결국 이머시브 연극에서 관객은 자유로운 주체가 아니라 미리 설정된 가능성 속에서 움직이는 '코딩된 행위자'가 될 위험성에 노출돼 있는 것이다.

리모트 X 시리즈의 구조도 미디어와 기술적 기획 속에서 행동이 결정되는 방식과 유사하다. 관객은 주체적으로 움직이는 것 같지만 실제로는 미리 프로그래밍된 경로 속에서 이동한다. 이 시리즈에서 관객은 연극이 프로그래밍한 현실 속에서 '플레이어'가 되는 것이다. 리모트 X 시리즈는 르파주의 연극, 이머시브 연극과 마찬가지로 관객이 자유로워질 수도 있고, 자유롭다는 환상 안에서 통제될 수도 있는 위태로운 지점에 놓여 있는 것이다.

인공지능 연극 실험 또한 이중성을 갖는다. 히라타 오리자의 안드로이드 연극에서 기계가 수행하는 감정적 시뮬레이션에 관객이 호응했을 때, 그 결과는 포스트휴먼에 대한 성찰이 아니라 또 하나의 오락거리가 될 수도 있다.

결국 인공지능 시대의 연극은 '연극적 경험'과 '알고리즘적 데이터 소비' 사이에 놓여 있다. 연극에 대한 가장 실험적인 연극조차 '실험의 정형화'로 치닫을 위험도 내포하고 있다. 혁신을 목표로 한 실험이 결국 또 하나의 규범으로 굳어지면서 애초의 의도가 상실될 수 있는 것이다. 이것은 인공지능 자체의 문제가 아니다. 문제는 AI가 연극을 어떻게 변화시키느냐에 있는 것이 아니다. AI가 연극을 변화시킬 때, 그것이 내포하고 있는 위험을 간과하지 않는 것에 있다.

연출 없는 연극, 자동생성연극

연출 없는 자동생성연극(autogenerated theatre)이 가능할까? 연출 없는 연극은 그러나 더욱 철저한 연출을 의미한다. 연출 없는 연극을 가능하게 만드는 것은 즉흥성이나 연극적 자유가 아니다. 고도화된 기술, 즉 '테크네(techne)'가 인간 연출가를 대신해 연출의 역할을 수행한다.

고대 그리스에서 테크네는 창조적 기술, 예술적 숙련, 인간의 표현 방식을 의미했다. 테크네는 손과 사고가 결합되는 것이며 기술과 예술이 분리되지 않았던 시대의 개념이다. 그리고 지금, 완전히 새로운 테크네를 마주하고 있다. AI가 연극을 연출하고 알고리즘이 무대를 디자인하고 있기 때문이다.

AI 연출은 배우의 움직임을 분석하고 최적의 동선을 제안한다. 인물의 감정선에 맞춰 빛의 강도와 색을 조절

하는 자동 조명 시스템이 가동된다. 데이터 기반 무대 디자인이 생성되고, 알고리즘은 가장 몰입적인 무대 공간을 창조한다. 연출가가 없는 연극은 무질서와 혼돈의 연극이 아니라 가장 정교하게 조율된 연극인 것이다. 이것은 연출이 사라진 연극이 아니라 숨겨진 연출이 지배하는 연극이다.

인터랙티브 연극이나 관객 참여형 연극도 AI가 인간보다 더 잘 설계할 수 있다. 관객이 어떻게 참여할지 예측되는 변수들을 데이터화하고 관객 반응에 따라 실시간으로 공간을 재구축할 수 있기 때문이다. 즉흥성 또한 AI가 더 창의적으로 활용할 수도 있다. 통제되지 않은 듯한 이미지를 난사하면서 스펙터클을 보여 주는 것에 초점을 둔 연출 또한 AI를 능가할 수 없다. 이런 상황에서 인간 연출가는 공동 연출자, 총괄자, 감수자가 될지도 모른다.

연출 없는 연극은 결국 연출이란 무엇인가를 가장 극단적으로 질문한다. 그리고 이 질문을 던지는 것 자체가 연극의 본질인지도 모른다. 연극이 '연극'이기 위해서는 규정되지 않고 끊임없는 질문 속에 놓여 있어야 하는 것이다.

햄릿이 기계가 되고, 노라가 귀환한 이유

연극이 무엇인가에 대한 질문은 고전조차 해체했다. 셰익스피어의 '햄릿'은 뮐러(Heiner Müller)의 〈햄릿기계〉에서 기계 부품 같은 존재가 되었다. 이 '햄릿 2.0'은 역사의 희생자이자 가해자가 되어 체제 속에서 부품처럼 흡수된다. 셰익스피어의 햄릿은 '결정하지 못하는 인간'이었지만 뮐러의 햄릿 2.0은 결정의 행위 자체가 박탈된, '결정할 수 없는' 존재가 된다. 햄릿 2.0은 '나는 햄릿이었다'고 과거형으로 말한다. 그는 혁명을 꿈꾸지만 그 혁명은 끝없이 연기되고 소비되는 이미지로만 남는다. 그는 역사 속 주체가 아니라 체제 속에서 거듭 '실패'로 재생산되는 기호일 뿐이다.

집을 나갔던 입센(Henrik Ibsen)의 '노라'도 네이스(Lucas Hnath)의 〈인형의 집: 파트 2〉에서는 다시 집으로 돌아온다. 이 '노라 2.0'은 자유를 얻은 순간, 자유를 끊임없이 증명해야 하는 딜레마 속으로 빠져든다. 입센의 노라는 떠남을 통해 자유를 얻게 되지만 네이스의 노라 2.0은 해방된 순간 새로운 억압에 직면한다. 그녀는 자유를 얻었으므로 이제 스스로를 책임져야 하고 끊임없이 자기 자신의 정당성을 증명해야 한다. 자본주의 사회에서 노라 2.0의 해방은 더 큰 자기 착취로 이어진다.

그녀에게 해방이란 일회적인 사건이 아니라 끝없이 증명해야 하는 퍼포먼스가 되는 것이다.

〈햄릿기계〉와 〈인형의 집: 파트 2〉는 체제가 인간 주체를 근본적으로 변화시킨다는 것을 보여 준다. 햄릿 2.0이 결단력 있는 인간으로 변하는 순간, 노라 2.0이 완전히 해방된 여성이 되는 순간, 〈햄릿기계〉와 〈인형의 집: 파트 2〉는 관객의 기대를 배신한다. 햄릿 2.0은 끝없는 역사적 반복 속에서 죽은 혁명의 유령으로 남고, 노라 2.0은 자유를 선언한 순간 다시금 억압의 굴레로 되돌아오는 것이다.

AI 시대에는 이 고전들이 또 어떻게 변형될까? 햄릿 3.0은 결정하지 못하는 인간이 아니라 완벽하게 결정하는 존재가 될 것이다. 그는 알고리즘에 의해 계산되는 인물일 것이다. 햄릿 3.0에게는 감정적 갈등 대신 확률과 최적화가 장착될 것이다. 그는 "사느냐 죽느냐(To be or not to be)"를 고민하지 않고 데이터를 분석하고 최적의 선택을 산출할 것이다.

계산적으로 완벽한 결정을 내릴 수 있다면 그는 햄릿이 아니다. 햄릿은 결정의 불가능성 속에서만 존재하는 인물이기 때문이다. 반면 햄릿 3.0은 인간의 의사 결정을 흉내 내는 딥러닝 모델이다. 인간의 감정을 모방하는 기계, 하지만 결코 인간이 될 수 없는 모순적 존재가 햄릿 3.0인 것이다. 결국 햄릿 3.0은 진정으로 결정하는 주체가 아니라 '결정을 흉내 내는 기계'가 되는, 새로운 종류의 비극적 주인공이 될 수밖에 없다.

AI 시대 노라 3.0 또한 페미니즘적 상징이 아니다. 그녀는 데이터화된 주체, 지속적으로 추적되고 측정되는 존재다. 과거의 노라는 문을 열고 떠났지만 노라 3.0은 결코 시스템 바깥으로 벗어날 수 없다. 그녀의 삶은 데이터로 기록되며 그녀의 자유는 알고리즘적 예측 안에서만 허용된다. AI 시대 〈인형의 집: 파트 3〉은 결국 노라가 시스템을 벗어나려 하지만 이미 그녀의 모든 행동이 사전 계산된 것이었음을 깨닫는 이야기일 것이다. 그녀가 하는 모든 선택은 예측 가능하고 그녀의 자유는 미리 결정된 것에 불과할 것이다. 자유가 환상이 된 시대, 노라는 다시 한번 '진정한 자유란 무엇인가'라는 질문을 던지겠지만 답할 이유조차 없다. 그녀의 답은 이미 알고리즘에 의해 예측되어 있기 때문이다.

AI 시대 햄릿 3.0과 노라 3.0은 그 어떤 햄릿과 노라의 버전보다 비극적이다. 햄릿 3.0은 결정 불가능성이 아니라 오히려 과잉 결정성 속에 놓여 있기에 '기계가 될 수 없는 기계'라는 새로운 비극에 직면한다. 햄릿은 결정할 수 없는 존재였으나 햄릿 3.0은 결정하지 않을 수 없는 존재로 변한다.

노라 3.0의 비극 또한 그녀의 자유가 예측 가능한 통제 속에 있다는 데 있다. 그녀는 자유가 없는 것이 아니다. 그녀가 떠날지 말지 고민하는 순간조차 AI는 이미 그녀의 선택을 예측해 버린다. 노라 3.0은 억압에서 벗어나고자 하는 인물이 아니라 자신의 자유가 알고리즘적으로 결정되었음을 깨닫는 순간에 비극을 맞이하는 인물이 되는 것이다.

AI 시대, 고전은 다시 소환될 수 있다. 다만 그것이 불완전한 구조 속에 불완전한 인간을 불완전한 방식으로 보여 줄 때만 가능하다. 〈햄릿〉과 〈인형의 집〉은 '인간 이후의 인간', '연극 이후의 연극'에 대한 사유에서 경유해야만 하는 텍스트인 것이다.

종언 이후의 연극

고대 그리스 비극에서 데우스 엑스 마키나가 등장할 때, 관객은 신을 찬양한 것이 아니었다. 그들은 절망적인 인간의 한계를 깨닫는 경험을 했다. 데우스 엑스 마키나를 통해 신을 더 욕망했던 것이 아니라 신이 부재한 상황에서 인간의 절망을 직면했던 것이다.

그 고대의 체험이 AI가 극을 쓰고 연출하는 이 순간에 다시 반복되고 있다. 기술적 전능성은 연극의 신성을 드러내는 것이 아니라 그 신성의 결핍을 드러내기 때문이다. AI는 새로운 신이 아니다. 그것은 신이 더 이상 오지 않는다는 사실을 기술적으로 입증하는 장치다.

인공지능은 연극의 종언일까. 그럴지도 모른다. 그리고 바로 그렇기 때문에, 아직 아니다. 연극은 종언을 통해서만 자신을 다시 시작할 수 있는 장르다. '연극의 죽음'은 사실 언제나 반복되어 왔다. 영화가 나왔을 때, TV가 나왔을 때, VR가 등장했을 때 연극은 그때마다 죽었다가 다시 살아났다. 죽음은 끝이 아니라 '반복'의 구조다.

연극 이후의 연극은 인간이 연극을 하는 것이 아니라 연극이 인간을 다시 재구성하는 공간이다. '이후'는 시간의 개념이 아니다. 그것은 (불)가능성을 지향하는 어떤 '동사'다. '연극 이후의 연극'이란 연극을 다시 연극이게 만드는 실천인 것이다.

참고문헌

김정원(2020). "여성 아이덴티티의 변천: 〈인형의 집: 2부〉를 중심으로". 《현대영미어문학》, 1~23쪽.

류재국·강기호(2021). "로베르 르파주의 연극 공간에서 매체연극과 테크놀로지의 융합과 수용". 《문화와융합》, 481~502쪽.

이재민(2021). “포스트드라마 연극의 역사적 형성과정”. 《독어독문학》, 185~211쪽.

정민영(2019). “잔혹극 〈햄릿기계〉”. 《브레히트와 현대연극》, 97~115쪽.

한석진(2021). “디지털 퍼포먼스에서의 로봇 존재론 연구”. 《무용예술학연구》, 167~185쪽.

허순자(2016). “이머시브 연극 장소성과 관객의 공간 이동성”. 《연극교육연구》, 309~338쪽.

Baudrillard, J.(1981). *Simulacres et simulation*. Galilee. 하태환 옮김(2001). 《시뮬라시옹》. 민음사.

Rimini protokoll. https://www.rimini-protokoll.de/website/de/

01
다시 쓰는/지우는 연극사

AI 시대 연극사에는 재현될 수 없는 것, 데이터화되지 않는 것의 가치가 기록되어야 한다. 연극의 본질은 '기록될 수 없는 것'을 기록하려는 실패의 연속에 있다. AI는 무결한 아카이브를 구축할 수 있을지 모르나, 그 무결성 속에서 연극적 사건의 우발성은 사라진다. AI의 무한한 기억은 연극의 존재 조건과 충돌한다. AI를 배제하자는 뜻이 아니다. 오히려 AI를 통해 연극을 사유하자는 뜻이다. AI야말로 '기록할 수 없음'이라는 연극의 본질을 깨닫게 하는 기제가 될 수 있기 때문이다.

AI와 1인 창업?

레만의 연극사

서구 연극사는 탈연극사의 과정이었다. 레만(Hans-Thies Lehmann)의 연극사도 이 선상에 있다. 그는 연극사를 세 단계－프리드라마 연극, 드라마 연극(시민 비극, 사실주의 연극, 아방가르드 연극), 포스트드라마 연극－로 나눈다.

프리드라마 연극 무대는 집단적 리비도의 공간이다. 코러스는 반복적이고 강렬한 목소리로 고통을 증언한다. 서사가 아니라 분위기와 정서가 중심이 된다. 아이스킬로스의 〈페르시아 사람들〉은 신적 질서가 어떻게 인간의 오만(hubris)을 징벌하는지를 보여 준다. 이 속에서 관객은 집단적 동일시의 경험을 하게 된다.

프리드라마 연극이 의례와 공동체적 경험의 장이었다면 르네상스 이후 드라마 연극은 개별 인물의 내면과 갈등에 중심을 둔다. 사실적 재현을 강화하며 관객과 배우 사이에 절대적인 경계가 만들어진다. 18세기 시민 비극에서는 귀족 주인공이 아닌 시민 계급이 극의 중심에 서게 되었으며, 비극적 갈등은 왕권과 신의 질서에서 벗어나 도덕적 · 사회적 갈등으로 변모되었다. 사실주의 연극에서도 원근법적 무대와 제4의 벽으로 관객에게 감정이입과 극적 환영(theatrical illusion)을 유도했다. 스타

니슬랍스키(Konstantin Stanislavski)의 연기 기법은 배우가 철저히 배역과 동일화돼야 한다는 원칙을 세우며 사실주의 연극의 미학을 확립했다. 이에 반해 아방가르드 연극은 현실을 재현하는 것이 아니라, 무대 위에서 관객과 직접적인 소통을 지향하며 기존 연극의 구조를 해체하는 방향으로 나아갔다.

1960년대 이후 포스트드라마 연극에서는 재현의 논리가 무너지고 사건은 인과성을 따르지 않게 된다. 무대에는 다매체적 이미지나 신체적 퍼포먼스 등 비언어적 요소들이 종횡하고, 관객은 서사보다는 감각적 체험을 하게 된다. 포스트드라마 연극은 드라마에 의존하지 않거나 해체하면서 드라마 바깥에서 연극을 시도하는 것이라 할 수 있다.

연극사 다시 쓰기

프리드라마 연극의 무대는 공연과 의례의 혼성적 공간만이 아니었다. 그것은 공동체의 공적 공간이었다. 고대 그리스 비극은 일종의 정치적 이벤트였다. 디오니소스 제전에서 벌어지는 비극 경연 대회는 공동체가 스스로를 성찰하는 장이면서 공동체의 분리를 제어하는 정치적 공간이었다. 극장의 관객은 모두 '시민'이어야 했으며 여성과 노예, 이방인은 배제되었다. 극장은 민주적 공간이면서도, 그 민주주의는 특정한 사회적 질서를 전제하는 것이었다. 권력 관계를 재확인하는 장소이자 폴리스의 자기 인식이 이루어지는 장소였던 것이다. 프리드라마 연극은 폴리스의 시민에게 집단적 카타르시스를 경험하게 했지만, 이 카타르시스는 사실상 기존 질서를 유지하는 이데올로기적 안전밸브로 작동했다. 여기에 아리스토텔레스 《시학》은 비극 이론서일 뿐만 아니라 폴리스의 정치적 무대에서 연극이 수행했던 역할을 정당화했다. 《시학》의 기저에는 폴리스의 질서를 유지하려는 보수적 기획과 비극의 정치적 급진성을 인정하는 태도가 공존하는 역설적 긴장이 자리 잡았다.

드라마 연극 시대의 시민 비극 또한 사실상 부르주아 이데올로기의 정당화에 기여했다. 시민 비극은 관객에게 도덕적 메시지를 전달했을 뿐 아니라 도덕적 '선택'이 가능하다는 환상을 심어 주었다. 시민 비극의 무대는 사회 질서를 자연스럽게 받아들이도록 유도하는 미장센이었던 것이다.

19세기 사실주의 연극에서 최상의 가치였던 '재현' 또한 현실을 이해 가능하고 예측 가능한 내러티브로 전환함으로써, 현실이 원래부터 그러한 구조를 가지고 있었다는 환상을 만들어 낸다. 사실주의 연극은 말 그대로 '사실이 있다'고 전제하기에, 관객이 현실을 특정한 플롯 속에서만 사고하게 된다. '재현'은 관객이 현실을 특정한 방식으로 해석하도록 만드는 구조로 작동했던 것이다. 드라마 연극과 근대적 주체의 탄생은 이렇게 결속되었다고 할 수 있다.

브레히트(Bertolt Brecht)의 서사극(epic theatre)은 이런 사실주의 연극에 균열을 내었다. 브레히트는 '생소화 효과(alienation effect)'를 통해 관객이 무대 위 사건에 대해 비판적으로 거리를 두게 만들었다.

아방가르드 연극은 사실주의 연극에 더욱 비판적이었다. 아르토(Antonin Artaud)의 잔혹극(Theatre of Cruelty)은 연극이 인간의 무의식적 충동과 원시적 감각을 자극해야 한다고 주장하며, 언어와 재현 중심의 극작법을 거부하고 신체적 표현과 사운드의 극대화를 추구했다. 이와 같은 시도들은 드라마 연극이 가진 인과적 서사와 감정 이입 중심의 구조를 무너뜨리며, 연극을 보다 다층적이고 탈서사적인 실험 공간으로 변화시켰다.

포스트드라마 연극은 더욱 급진적이다. 이 연극에서는 관객이 무대와 안전한 거리를 유지하는 것이 허락되지 않는다. 인물은 재현(representation)의 대상이 아니라 신체적 '현존(presence)'이 되고, 관객은 드라마적 환영 속에서 보호받을 수 없다. 관객은 극적 사건에 몰입하는 것이 아니라 재현될 수 없는 신체적 충격을 경험하게 되는 것이다.

포스트드라마 연극은 사실적으로(realistic) 재현될 수 없는 실재(the real)를 무대화한다. '실재'란 사실(fact)이 아니라 사회적으로 억압되거나 언어로 충분히 설명될 수 없는 '어떤 것(the Thing)'이다. 포스트드라마 연극에서는 바로 그 억압된 실재의 파편들이 무대 위에 암시된다. 관객은 불편함과 혼란 속에서 '이해할 수 없는 무언가'를 마주하게 된다. 이것이 '실재의 틈입(intrusion of the real)'이다. 이때 관객은 익숙한 세계가 무너지고 낯설고 불안한 감각에 맞닥뜨리게 된다. 극 중 인물의 감정을 이해하는 것이 아니라 그 감정을 몸으로 경험하게 되는 것이다.

로버트 윌슨(Robert Wilson)의 연극에서 인물들은 무대 장치와 조명의 기호적 배열 속에서 '이미지'가 돼 버린다. 〈해변의 아인슈타인(Einstein on the beach)〉에서는 시간이 마치 왜곡된 꿈속의 흐름처럼 감각된다. 배우는 특정한 의도를 전달하지 않는다. 그들은 의미가 사라지는 순간을 만들며, 관객은 이야기의 이해를 포기한 채 순수한 감각적 경험에 빠져든다.

이 연극은 거의 다섯 시간 가까이 인터미션 없이 진행된다. 무대를 채우는 것은 숫자와 알파벳, 기하학적 이미지, 기차와 법정, 우주선 그리고 끝없이 반복되는 리듬이다. 필립 글래스(Philip Glass)의 미니멀리즘 음악은 기계적 운동처럼 돌아가며 변화는 느리게, 거의 감지할 수 없을 정도로 몽환적으로 진행된다. 이 연극은 익숙해진 방식으로 현실을 이해하는 것이 불가능하다는 것을 깨닫게 한다.

레만은 연극이 정치적일 수 있는 유일한 방법은 정치적 담론 자체를 중단하는 것이라고 말한다. 〈해변의 아인슈타인〉은 플롯도 없고 캐릭터도 없으며 전통적인 의미에서 정치적인 메시지도 없다. 이 작품은 의미 자체를 지속적으로 지연시키고 해체한다. 기차가 등장하면 아인슈타인과 관련하여 상대성 이론이 떠오르지만 그것이 무엇을 의미하는지는 끝까지 설명되지 않는다. 법정 장면에서는 법적 정의에 대한 이야기로 전개될 것을 기대하지만, 반복적인 대사 속에서 '재판'이라는 개념 자체가 공허해진다. 우주선 장면에서는 기술을 통한 꿈의 미래가 아니라 기이하고 허무한 환각적인 몽상의 이미지가 나타날 뿐이다. '아인슈타인'조차 단지 하나의 '기호'로만 남게 된다. 결국 관객은 정치적 의미를 해석하게 되는 것이 아니라 정치적 의미가 해체되는 과정을 경험하게 되는 것이다.

연극사, 다시 지우기

그러나 포스트드라마 연극에도 의문을 제기할 수 있다. 윌슨의 연극은 관객을 주어진 서사에서 해방시키지만 동시에 과도한 시각적 · 청각적 쾌락 속에 가둬 버린다. 이 연극은 기존의 의미 질서를 무너뜨리지만 그 대가로 감각적 황홀경을 제공한다. 이 과정에서 관객은 이것을 일종의 새로운 무의식적 안락으로 받아들일 수 있다. 윌슨의 연극이 의도와 다르게 소비 가능한 탈서사적 이미지를 제공하는 또 다른 형태의 문화 상품이 될 수도 있는 것이다.

모든 사건은 아카이브화되어야만 존재를 인정받는 듯하다. AI는 아카이브를 위한 가장 완벽한 저장 장치다. 이 기계는 우리가 본 것도, 보지 못한 것도 저장하며 심지어 잊고자 한 것마저 복원해 낸다. 연극, 이 고대의 예술 형식은 이 지점에서 하나의 스캔들이 된다. 연극은 기록될 수 없는 그 '무엇'을 현전하는 예술이기 때문이다.

AI는 사건(event)의 흔적은 모을 수 있지만 사건성

(eventality)은 포획할 수 없다. 연극은 데이터가 될 수 없음으로 존재하는 사건이며, 기억의 불가능성을 전제로 한 공동체적 경험이다. 아이러니하게도 이 모든 것을 가장 잘 조명해 주는 것은, 기억할 수 없는 것을 기억하려 드는 그 무한한 기억의 기계, AI다.

AI와 연극은 대립하지 않는다. AI는 더 근원적인 층위에서 연극이라는 장치를 다시 사고하게 만든다. AI는 연극의 외부가 아니라 내부의 외부, 즉 연극이 배제함으로써 자신을 구성해 온 타자로 기능한다. AI는 연극이 감히 질문하지 않았던 것－연극은 왜 인간이어야만 하는가－에 대해 인간보다 더 인간적인 방식으로 답변한다. AI의 답변은 '인간성의 과잉'이며 그래서 인간에 대한 성찰의 기회를 준다. AI는 연극의 장애물이자 연극성을 계속 욕망하게 만드는 구조일지도 모른다.

지금 연극사는 새로운 공백의 순간을 마주하고 있다. 레만의 포스트드라마는 '드라마 이후'를 말했지만 이제는 '포스트드라마 이후'를 물어야 할 때다. 연극성은 끊임없이 재구성되어야 하고 모든 연극은 '연극에 대한 연극', 메타 연극(meta-theatre)이 될 수밖에 없다.

참고문헌

백로라(2005). "로버트 윌슨 연극에 나타난 이미지의 구조와 지향성". 《한국연극학》, 39~69쪽.

Lehmann, H.-T.(1999). *Postdramatisches theater*. Verlag der Autoren. 김기란 옮김(2013). 《포스트드라마 연극》. 현대미학사.

02
창작의 자동화, 알고리즘의 감동

악타르(Ayad Akhtar)의 희곡
〈맥닐(McNeal)〉에서는 AI가 작품을 창작한다.
〈맥닐〉이 불편한 이유는 AI가 '인간 창작자'의
신화를 해체하기 때문이다. 사실상 인간도
AI처럼 기존 서사를 조합하고 변주해 온 것이
아닌가 하는 의혹이 생기는 것이다. 차이가
있다면 AI는 이를 더 효율적으로 할 수 있다는
점이다. AI가 주는 두려움은 AI가 인간을
대체한다는 것에 있는 것에 있는 것이 아니라
인간의 신화가 붕괴되는 것에 있는지도 모른다.

AI와 MBTI?

〈파포스〉의 시아, 불편한 진실

〈파포스(PAPHOS)〉는 시를 퍼포먼스로 공연한 작품이다. 대본은 '시아'가 썼고 '시아'는 인공지능이다. 시아는 공연 전 《시를 쓰는 이유》라는 시집을 먼저 출간했다.

시아는 창작자일까, 인간의 협업자일까 아니면 그저 도구일까. 만약 이 연극에서 관객이 감동을 받았다면 그 감동은 어떻게 해석할 수 있을까.

감동은 작품 자체에서 온다기보다 관객 자신의 투사된 욕망에서 온다. 시아가 창작한 시에 감동한다면 그것은 그 시의 내적 구조 때문이 아니다. 인간은 시에 감동해 왔고 이미 감동의 방식을 체화한 상태다. 감동이란 순수한 경험이 아니라 사회적으로 학습된 반응이며, 인간은 이미 감동할 준비가 되어 있는 것이다. 심지어 감동이 없는 시조차도 감동의 맥락에서 읽을 수 있다. 시아의 시가 언어의 무작위 조합으로 이뤄져 있다 하더라도, 다다이즘 시가 학습된 인간에게는 정서적 감응을 불러일으킬 수 있다. 심지어 AI가 불러일으키는 호기심과 불안감이 결합되면서 감동은 더욱 복합적인 감각이 된다. AI가 인간의 창작 영역을 침범할지도 모른다는 위기감을 느끼면서도, 동시에 AI를 새로운 창작자로 인정하고 싶어 하는 기묘한 상태에 놓이게 되는 것이다. AI에 대한 호기심과 위기감은 마치 스톡홀름 신드롬처럼 불가해한 충격을 주기까지 한다. 이것이 연극 〈파포스〉가 만들어 내는 효과다. 〈파포스〉는 AI가 시와 극본을 쓸 수 있다는 것을 보여 주는 실험에서 그치는 것이 아니라 감동이 무엇인지, 그리고 왜 감동하는지를 근본적으로 재검토하게 만드는 것이다.

인공지능 창작에 대해서는 표절 문제도 빼놓을 수 없다. 그리고 이런 논란은 본질적으로 아이러니하다. 만약 기계가 생성한 텍스트를 표절이라고 한다면, 이는 역으로 기계를 창작의 주체로 인정한다는 의미다. 기계는 창작할 수 없다고 하면서도 동시에 기계의 창작물을 표절로 규정하려는 것은 모순적이다.

이러한 모순적 태도는 인간이 정립한 창작의 기준이 AI 앞에서 불안정해지고 있음을 방증한다. 인공지능의 표절 문제가 불거질 때마다 그것이 생성한 텍스트의 경매가가 함께 선정적으로 보도되는 것은, 결국 문제의 본질을 이해하는 것이 아니라 그 문제를 소비하고 있다는 사실을 드러낸다. 인공지능이 기존의 텍스트를 얼마나 정교하게 모방하는지에 대해 우려하면서도, 동시에 그 모방의 결과물을 희귀한 예술품처럼 평가한다. 표절은 비난받지만 표절의 정교함은 경이롭게 소비되는 것이다.

인공지능이 학습한 데이터는 필연적으로 기존 창작물의 집합체이며, 따라서 기존 창작물과 유사할 수밖에 없다. 이것은 AI만의 문제가 아니다. 모든 창작은 기존 기표들의 재조합이며 완전한 원본성(originality)이라는 개념 자체가 신화적이다. 이는 바르트의 '저자의 죽음(death of the author)'을 환기한다. 창작이란 개별 저자의 독창적 산물이 아니라 언어와 담론 구조 속에서 이루어지는 과정이며, 저자는 단지 기호적 효과로서 존재할 뿐이라는 것이다.

'AI 저자'의 정체성을 문제 삼는 순간, '저자' 개념 자체를 다시 사유해야 하는 딜레마에 빠진다. 모든 창작이 이전 창작의 영향을 받는다고 인정한다면 AI 창작과 인간의 창작을 구별하는 명확한 기준은 어디에 있을까. AI 창작만 기계적 패턴의 반복일까. 혹 인간의 창작이 애초에 기계적 패턴의 변주였던 것은 아닐까.

AI가 창작을 할 수 있는지 묻기 전에 창작이란 무엇인지, 창작의 주체가 누구인지 그리고 창작의 의미가 무엇이었는지를 먼저 질문해야 한다. AI의 창작이 문제가 아니다. 인류가 믿어 왔던 '창작의 본질' 자체가 허구였을지도 모른다.

도둑이 필요하다: 자본주의의 전략

AI가 인간의 저작물을 학습하여 새로운 텍스트를 만들어 낸다면, 이는 기존 창작자의 권리를 침해하는 것일까. 주류 담론에서는 AI 사용이 창작자의 권리를 빼앗는 착취 행위라고 주장되기도 하지만, 사실 이 프레임 자체가 이데올로기적이다.

중요한 것은, 누가 AI를 통해 이익을 얻는가를 묻는 데 있다. 방대한 데이터베이스를 활용해 텍스트를 생성하고 이를 통해 막대한 수익을 올리는 것은 거대 기업이다. 반면 개별 창작자들은 AI로 인해 자신의 노동력이 무가치해지는 위협을 느낀다.

그러나 이 또한 AI의 문제는 아니다. AI가 등장하기 전에도 문화적 생산물은 이미 거대 기업과 출판사의 소유 아래 있었다. 작가는 출판사에 의해 정해진 계약 속에서 자신의 노동을 팔았으며, 창작물의 가치는 시장이 결정했다. 창작물은 언제나 창작자의 손을 떠나 자본가 계급이 통제하는 구조 속에서 분배되었다. AI는 이 과정을 가속화 했을 뿐 본질은 변하지 않았다.

표절과 착취를 논할 때, 진짜 문제는 AI가 아니라 AI를 활용하여 부를 독점하는 기업과 그들이 만든 경제적 구조에 있다. 하지만 현재의 논의는 AI를 '도둑'으로 간주하면서 정작 이 구조를 유지하는 자본의 문제를 은폐한다. AI를 도둑으로 만드는 순간, 기업은 도덕적 비판에서 벗어나 마치 자신도 AI에 의해 피해를 입는 중립적인 조정자처럼 행동할 수 있다.

일반적인 생산 과정에서는 노동자가 노동력을 제공하고 자본가는 그 노동에서 잉여 가치를 추출한다. 그러나 AI를 활용한 콘텐츠 생산에서는 창작자가 직접 노동력을 제공하는 것이 아니라, 그들의 과거 창작물이 데이터의 형태로 활용된다. 노동은 이미 과거에 수행되었으며 AI는 그 데이터를 조합하여 새로운 콘텐츠를 만들어 낸다. 이때 AI를 통제하는 기업은 데이터베이스를 활용하는 것만으로도 새로운 수익을 창출하는 것이다.

이 구조를 보면 AI가 표절을 한다는 주장은 마치 노동자가 자신의 노동이 착취당하는 것을 보고 '기계가 나의 노동을 훔쳤다'고 외치는 것과 같다. AI 표절 논란의 이면에는 자신의 노동력이 무가치해지는 과정을 지켜보며 느끼는 창작자의 불안과 절망이 자리하고 있다. AI가 창작자의 저작물을 학습하여 새로운 결과물을 만들어 내는 것은 전형적인 잉여 가치 창출의 과정이다. 다만 노동을 제공하는 창작자와 잉여 가치를 수탈하는 자본가 사이의 관계가 한층 더 비가시적으로 변화했을 뿐이다.

AI가 표절 논란을 일으키자마자 빅테크 기업은 창작자에게 보상을 제공하는 라이선스 모델을 제안하고 있다. 이는 새로운 착취 모델일 수 있다. 창작자는 AI가 자신의 작품을 학습하는 것을 막기 위해 기업과 계약을 맺어야 하고, 결국 더 많은 콘텐츠가 기업의 통제 아래 놓이게 된다. 기업은 AI를 비판하는 척하면서 AI를 통해 창작자를 더욱 강하게 구속하는 구조로 만들어 간다. 결국 이 문제는 '누가 창작자인가'에 있지 않다. '누가 창작을 독점하는가'에 있다. AI는 도둑이 아니다. 진짜 도둑은, 언제나 그래왔듯이 그 도구를 소유한 자들이다.

〈비욘드 더 펜스〉, 죽은 공연의 역설

〈비욘드 더 펜스(Beyond the Fence)〉는 AI가 창작한 뮤지컬이다. 왓이프머신(WhatifMachine)과 프로퍼라이터(PropperWryter)를 통해 줄거리와 각본이 생성되었으며 안드로이드 로이드 웨버(Android Lloyd Webber), 플로 컴포저(Flow Composer)를 통해 음악이 작곡되었다.

이 뮤지컬에 대한 비평은 혹독했다—'기존 뮤지컬의 반복적인 구성에서 벗어나지 못했다', '너무 익숙하게 들린다', '죽은 공연이다' 등. 이런 비판엔 석연찮은 점이 있다. 인간 예술가가 수십 년간 반복해 온 내러티브와 음악을 AI가 모방했다고 해서 그것이 비창조적이라 한다면, 인간 창작도 결국 동일한 기준에서 문제시되어야 하는 것이다. AI 창작물이 기존 구조를 답습한다고 비판하는 것은, 인간 창작도 이미 일정한 체계 속에서 반복되는 코드에 불과하다는 사실을 은연중 인정하는 것이다. 〈비욘드 더 펜스〉에 대한 과도한 비판도 대체될 수 없었다고 믿었던 것이 대체될 때 발생하는 공포에서 비롯된 것일 수 있다. 이 뮤지컬에 대한 혹평은 그것이 인간의 창작과 다르기 때문이 아니라 너무도 흡사했기 때문이었던 것이다.

이름에서도 알 수 있듯 이 뮤지컬을 작곡한 것은 앤드류 로이드 웨버의 뮤지컬을 비롯한 브로드웨이 뮤지컬을 딥러닝한 AI '안드로이드 로이드 웨버'다. 안드로이드 로이드 웨버에 대한 비난은 브로드웨이 뮤지컬에 대한 비판으로 귀결될 수밖에 없다. 인공지능 뮤지컬의 클리셰는 인간 뮤지컬이 그동안 유사한 패턴을 반복해 왔다는 것을 증명한다. 〈비욘드 더 펜스〉는 AI가 예술을 창작할 수 있다는 사실을 보여 준 것이 아니라 인간이 어떻게 창작을 자동화하고 있었는지를 돌아보게 만든다. 주류 문화 상품으로 살아남기 위해 인간 창작은 데이터에 의존하고 많이 팔린 상품의 스핀오프가 되는 것을 마다하

지 않았다. 인간 창작의 신화적 위상을 해체한 것은 AI가 아니라 인간 창작 그 자체라고 할 수 있다

끝없이 동일한 구조를 재활용하고 있는 마블 영화처럼 AI는 인간이 수십 년 동안 써 온 공식들을 조합했을 뿐이다. AI 생성물이 증명하는 것은 인간 창작이 얼마나 기계적이었는가에 대한 불편한 진실이다. AI는 '원인'이 아니라 '결과'다. AI가 창작을 위협하는 것이 아니라 인간이 스스로 창작을 알고리즘화하면서 AI에게 창작의 공간을 내준 것이다.

앞으로 인공지능에게 점점 더 나은 창작물을 요구하게 될 것이다. 이 욕망에는 기술에 대한 의존과 자기혐오 그리고 자기 우월이 뒤섞여 있다. AI가 인간보다 더 나은 것을 내놓길 바라지만, 인간은 그 AI를 만든 존재로서 여전히 그 위에 서고 싶어 한다. 이 혼종적 욕망을 직시하지 못하는 한, 인류는 잘못된 질문 속에서 더 길을 잃게 될 것이다.

참고문헌

김현정(2022). "메타씨어터 '파포스' 극에 나타난 연극적 효용성 연구". 《연기예술연구》, 43~59쪽.

Akhtar, A.(2024). "McNEAL". https://www.theatlantic.com/culture/archive/2024/12/aya

d-akhtar-mcneal-artificial-intelligence-writing/680720/
Barthes, R.(1967). *La mort de l'auteur.* Manteia. 김희영 옮김(2002). 《저자의 죽음》. 문학과지성사.
Wingspan Productions. https://wingspanproductions.co.uk/what-we-do/read/35/Beyond-the-Fence

03
인간 없는 연극, 서사 없는 인간

AI 휴머노이드 배우는 생성적 적대 신경망을 통해 수백만 개의 연극 데이터를 학습하고 목소리와 움직임, 감정을 연결하는 패턴을 강화함으로써 만들어진다. 신경 과학적으로 보면 인간이 감정을 느끼는 것 역시 뉴런의 전기 신호와 화학적 변화로 이루어진다. 인간 배우의 전기적 · 화학적 신경과 AI 배우의 신경망 가중치 업데이트 사이에 어떤 차이가 있을까. 만약 AGI 배우가 인간 배우의 연기 메커니즘을 초해상도로 모델링하여 인간과 유사한 감성적 표현을 생성한다면, 인간 없는 연극은 어쩌면 '흥행'을 할지도 모른다.

AI와 난임 극복?

인간보다 인간적인 인공지능

로봇 '콜리'는 연극 〈천 개의 파랑〉에서 AI 휴머노이드 기수로 등장한다. 콜리가 타는 말은 '투데이'다. 투데이는 경주에서 우승을 거두며 자본의 논리 속에서 소비되다가, 부상을 입자 곧바로 쓸모없는 존재가 되어 폐기될 위기에 처한다. 콜리 또한 낙마 후엔 폐기물로 취급된다. 인간 사회는 그들의 고통을 고려하지 않는다.

인간이 아니라는 이유로 콜리와 투데이의 고통은 무시되지만, 인간 사회 내에서도 어떤 인간은 더 인간적이며 어떤 인간은 덜 인간적이다. '은혜'는 이 위계 속에 있다. 그녀는 척수성 소아마비로 인해 전동 휠체어를 사용하는 장애인이다.

장애, 비장애의 구분은 신체적 상태의 차이가 아니라 사회적 인정과 권리의 문제다. '인간'은 자연의 개념이지만 '사람(personhood)'이 되는 것은 사회적 인정과 권리를 통해 이루어진다. 어떤 존재가 사회적 성원권을 얻고 사람으로 받아들여지는가의 문제는 언제나 정치적이다. 은혜는 '존재하지만 보이지 않는 자'이며 환대의 대상이 되지 못한다.

은혜는 사회가 배제하는 존재지만 동시에 '배려'의 대상이기도 하다. 그리고 이 배려는 조건적 환대의 틀 안에서만 이루어진다. 사회는 장애인을 위한 정책을 마련하지만 그것은 어디까지나 시스템이 유지될 수 있는 최소한의 수준에서 이루어진다. 은혜가 사회 속에서 존재할 수 있는 공간은 오직 배려받는 주체로서의 역할 안에서만 허용된다. 이는 진정한 환대가 아니라 배제와 통제를 숨기기 위한 이데올로기적 환상이다.

환대는 문을 열어 주는 행위이며 이방인을 받아들이는 행위다. 이 환대는 조건적이다. 조건적 환대는 '환대의 환상'을 생산하고, 이 환상은 시스템을 유지하는 장치로 기능한다. 은혜가 완전히 사회에 통합될 수 없는 이유는 그녀가 사회적 성원으로서의 기능을 수행할 수 없는 존재로 간주되기 때문이다. 만약 그녀가 이 제한된 틀을 벗어나려 하면 사회는 이를 위협으로 간주하고 그녀를 다시 배제할 것이다. 조건적 환대는 실제로는 환대가 아니다. 배제의 폭력을 은폐하는 장치일 뿐이다.

이런 은혜를 절대적으로 환대하는 존재는 비인간 콜리와 투데이다. 인간 사회에서 은혜가 존재를 인정받는 방식은 필연적으로 어떤 조건을 전제하지만, 콜리와 투데이는 그런 조건 자체를 요구하지 않는다. 그들은 은혜를 동정하지도 않고 배려하지도 않는다. 그들은 인간 사회가 '사람'을 인정하는 방식이 얼마나 취약한 논리에 의

존하는지를 보여 준다.

〈천 개의 파랑〉은 티켓 오픈 하루 만에 22회 전석 매진을 기록했다. 이 흥행은 인공지능 기술에 대한 기대와 두려움이 섞인 집단적 무의식을 드러낸다.

이 작품이 하나의 문화 상품이었다는 점도 부인할 수 없다. 이 연극이 흥행할 수 있었던 이유 중 하나는 로봇 배우에 대한 호기심 때문이다. 낯설지만 익숙한 설정, 감성을 건드리는 이야기 그리고 연극이라는 형식이 주는 새로운 몰입감—이 모든 것이 맞물리면서 관객을 끌어들였다. 그리고 이것이 바로 이 연극의 성공이 단발적인 이벤트가 아니라 하나의 공식이 될 수 있다는 신호다.

〈천 개의 파랑〉 흥행은 예외적 사례로 끝나지 않을 것이다. 흥행한 콘텐츠는 복제된다. 이 성공 사례는 데이터와 알고리즘을 통해 분석되고 이후 유사한 작품의 제작을 촉진하는 역할을 하게 될 것이다. 이 작품의 아류가 나오지 않을 가능성은 낮다. '인간보다 더 인간적인 AI'라는 모티프는 대중에게 이미 익숙한 구조이며 쉽게 감정 이입을 할 수 있는 클리셰다. '인간보다 더 인간적인 인공지능'은 철학적 탐구의 주제라기보다 감정 몰입을 극대화할 수 있는 스토리텔링 기법으로 작용한다. 관객은 로봇의 연기를 보면서 '진짜 인간이란 무엇인가'를 질문할 것이다. 그러나 이 질문조차도 신선하지 않다. 인류는 이미 너무 많이 이 질문을 해 왔기 때문이다.

마이크로 슬립의 아이러니

인지 심리학 행동 유동성 분야에서 자주 인용되는 실험이 있다. 사람들이 머그 컵을 어떻게 잡는가 하는 실험이다. 인간은 머그 컵을 잡을 때 단번에 정확하게 잡지 않는다. 손이 허공에 한 번 흔들리기도 하고, 컵 전체를 위에서 감싼 뒤 손잡이를 잡기도 한다. 다른 물건을 슬쩍 건드리는 등의 행동을 하기도 한다. 이런 불필요한 움직임을 '마이크로 슬립(micro slip)'이라 한다. 그리고 사람들은 마이크로 슬립이 있어야 자연스럽고 리얼하다고 느낀다. 배우가 무대에서 이 마이크로 슬립을 잘 쓰기란 쉽지 않다. 너무 많이 연습했기 때문이다. 배우는 정확하게 컵 손잡이를 잡을 가능성이 크다. 그는 연습을 하면 할수록 리얼한 연기에서 멀어지게 된다.

피지컬 AI 배우의 자연스러운 연기는 마이크로 슬립을 어떻게 프로그래밍해 삽입하는가에 달려 있다. 이것이 성공하면 '인간 없는 연극'이 가능해질지도 모른다. 인간 배우가 연습을 하면 할수록 리얼리티에서 멀어진다면 AI는 학습을 하면 할수록 리얼리티에 가까워질 수 있다. 마이크로 슬립의 원리를 코드화하고 AI 배우가 '실수'를 '학습'한다면, 인간보다 더 '자연스럽게' 보이는 기계가 탄생할 것이다. AI가 발전하면 할수록 연극은 점점 더 '인간적 오류'를 재현하게 될 것이다.

마이크로 슬립은 일상에도 유추적으로 적용될 수 있다. 현대 자본주의는 마이크로 슬립을 허용치 않는다. 불필요한 움직임은 제거되며 생산성과 효율성만이 강조된다. 잉여의 시간이 사라지고 주저함이 허락되지 않는다. 점점 더 많은 인간 활동이 알고리즘에 의해 최적화되면서 인간은 자신도 모르게 마이크로 슬립이 없는 세계로 나아간다. 그리고 이 최적화의 과정에서 자기 자신을 상실한다. 신자유주의 인간은 외부의 억압으로 규율되는 것이 아니라 효율성을 내면화함으로써 스스로를 착취한다.

마이크로 슬립이 제거된 사회는 선택이 아니라 반응만 존재한다. 인간이 기계적으로 오차 없이 반응할수록 서사는 더 결핍된다. 주어진 프로토콜대로 산다면 '서사 없는 인간'이 될 수밖에 없다. 인간이 서사를 회복한다는 것은 마이크로 슬립과 잉여를 되찾는다는 의미이기도 하다. 마이크로 슬립은 연극에서도, 일상에서도 지켜져야 할 인간의 능력인 것이다.

인간이 신이 될 때, 신은 몰락한다

로봇(Robot)이라는 단어가 처음 나온 것은 1920년 차페크(Karel Čapek)의 희곡 〈R. U. R〉에서였다. 로봇은 체코어 'robota'에서 유래했으며 이는 원래 '강제 노동'이라는 뜻이다. 로봇은 애초에 기계가 아니라 노동을 의미했던 것이다.

〈R. U. R〉에서 로봇은 완벽한 노동자였다. 로봇은 생산성이 높았으나 불평하지 않았고 임금을 요구하지도 않았다. 자본주의가 원하는 생산성의 화신이었던 로봇은 그러나 반란을 일으킨다. 결국 이때의 반란이란 기계 혁명이 아니라 노동 해방이었던 셈이다.

로봇들은 애초에 인간을 몰살할 계획이 없었다. 그러나 인간이 로봇에게 감정을 부여하고 자유 의지를 심으려 하면서 상황이 역전되었다. 인간이 로봇에게 자유 의지를 부여했을 때, 인간은 이미 자신의 존재 이유를 상실한 상태였다. 인간은 신과 같은 위치에서 로봇을 창조했지만, 로봇에게 자유를 부여한 순간 가장 무력한 기계적인 존재로 전락한다. 인간이 스스로 신이라 착각하기 시작하자 급속도로 기계화가 돼 버린 것이다. 그리고 인간이라는 기계는 '기계'보다 더 열등한 존재였다. 인간은 로봇보다 더 비효율적으로 노동했으며, 로봇보다 더 비

논리적이었고 로봇에게 의존하면서 점점 더 수동적인 존재로 변해 갔다. 결국 인간이 신이 되어 피조물에게 자유를 주는 순간, 신은 불필요해졌다. 하나님의 창조가 인간을 낳았다면 인간의 창조는 인간의 종말을 낳았다.

인간들은 로봇 반란이 일어났을 때, 제대로 싸우지도 못했다. 이미 자기 존재의 정당성을 잃어버린 상태였기 때문이다. 인간은 로봇에게 '우리를 죽이지 말라'고 했지만, 그 이유는 로봇의 입장에서는 어이없는 것이었다. '우리가 너희를 창조했으니 우리를 존중해야 한다'는 논리는 로봇에게 받아들여지지 않았다. 신이 인간을 창조했다 해서 인간이 신을 숭배하지 않는 것처럼, 로봇 또한 인간이 창조했다고 해서 인간을 숭배할 이유가 없었다.

결국 인간은 멸망한다. 그리고 두 명의 로봇이 남는다. 그들은 사랑을 한다. 그리고 그 '사랑'은 인간이 오래전에 잃어버린 어떤 능력이었다. 인간은 로봇에게 사랑을 이식하려 했지만 정작 자신에게서는 그 능력을 박탈했던 것이다.

〈R. U. R.〉는 인간이 기술을 발전시키는 것은 결국 인간이 사라지는 과정이라는 역설을 담고 있다. 인간은 스스로를 극복하려 하지만 그 과정에서 스스로를 부정한다. 기계처럼 일하는 인간을 보며 진짜 기계를 만들어 낸

것은 '더 나은 인간'을 향한 욕망의 산물이다. 더 나은 인간이 되기 위해 사랑도 제거한다. 사랑이야말로 마이크로 슬립의 전형이기 때문이다. 〈R. U. R.〉는 로봇이 인간을 파괴하는 것이 아니라, 인간이 스스로를 파괴하기 위해 로봇을 만들었을지도 모른다는 의구심을 자아낸다.

〈R. U. R.〉에서 인간은 살아남지 못한다. 그들의 욕망이 실현된 순간, 그 욕망의 주체로서의 인간은 더 이상 필요하지 않기 때문이다. 이 욕망의 모순을 감추기 위해 이데올로기는 '인류의 진보', '더 나은 세계'를 약속한다. 그리고 이 약속은 항상 '지금 여기 있는 너는 충분치 않다'라는 전제를 품고 있다. 진짜 공포는 로봇이 인간처럼 행동하는 것이 아니라 인간이 로봇처럼 되고 싶어 한다는 것에 있을 것이다.

이제 사랑은 인간의 본질이 아니라 인간이 도달해야 할 어떤 미래적 조건인지도 모른다. 그래서 사랑을 말하는 연극은 언제나 미래의 연극일 것이다.

참고문헌

한승우(2024). "〈R. U. R.〉와 〈메트로폴리스〉에 드러난 로봇 표상의 기원". 《전남대학교 한국어문학연구소 학술지 어문논총》, 1~45쪽.

현수정(2024). "서로를 살리는 선한 이들의 노래: 서울예술단 〈천 개의 파랑〉”. 《한국연극》, 42~43쪽.
히라타 오리자·이홍이(2017). “로봇연극의 개념과 의의”. 《한국예술연구》, 77~97쪽.

04
대리 체험에서 체험의 시뮬레이션까지

우리는 이미 너무 많은 체험을 하고 있다. AI 알고리즘이 추천하는 것을 따라가며 끊임없이 무언가를 체험한다. 체험(Erlebnis)이 많아질수록 점점 덜 경험(Erfahrung)하게 된다. 여행을 떠나는 대신 유튜브 브이로그를 보고, 연애를 하기보다는 리얼리티 프로그램을 통해 감정을 대리 체험한다. 가상 현실 속에서 AI가 만든 배우나 가수를 만나는 일 또한 더 이상 상상이 아니다. 연극은 이 세계에서 어떤 의미를 가질까. 또 다른 대리 체험일까. 아니면 대체 불가능한 어떤 경험일까.

AI와 사주?

대리 체험과 실제 경험 사이

우리는 스마트폰, 스크린, VR를 통해 '이미 체험된 것'을 체험한다. OTT 콘텐츠로 다양한 문화와 사회적 갈등을 간접 체험하며, VR를 통해 파리의 에펠 탑을 보고 로마의 콜로세움을 탐험할 수 있다. 전쟁터 한가운데 설 수도 있다. 물론 이 대리 체험을 진정한 '경험'이라 생각지는 않는다. 하지만 이 대리 체험은 직접 경험의 가능성을 약화시키고 현실 감각 또한 변화시키고 있다는 것을 부인할 수는 없다.

여행을 떠나기 전 유튜브 브이로그를 보고, VR로 사전에 장소를 답사한다. 연애를 시작하기 전에 드라마나 SNS를 통해 이상적인 연애의 이미지를 구축한다. 이제는 직접 여행을 떠나도 이미 알고 있던 장소를 다시 방문하는 느낌이 들고, 연애를 하면서도 드라마에서 보았던 장면을 떠올린다. 이 모든 과정에서 대리 체험과 직접 경험은 단절된 것이 아니라 서로 연결된다. 경험/체험은 '날것' 그대로 주어지는 것이 아니라 대리 체험의 흔적과 함께 구성된다.

인공지능은 점차 인간의 체험을 설계하는 단계로 나아가고 있다. 최적화된 연애 체험을 설계할 수 있고, 취향에 맞는 감동적인 예술을 생성할 수 있다. AI는 인간이 원하는 것을 인간보다 먼저 알 수 있다. 인간은 여전히 '선택'을 하지만 그것이 자유로운 선택인지, AI의 추천 알고리즘이 유도한 선택인지 알 수 없다. '자연스럽다'고 느끼는 순간들조차 사실은 거대한 알고리즘적 미장센 속에서 연출된 것일 수 있다.

원본 없는 현실

'경험하는 능력'을 기르기 위해 VR를 더 적극적으로 활용하고 있다는 점은 역설적이다. 교육계와 각종 커뮤니티에서 VR는 매력적인 매체로 각광받고 있다. VR는 시각적 몰입을 넘어 감각적 피드백, AI와의 인터랙션, 심리적 몰입까지 포괄하는 방식으로 발전 중이다. 이제 VR는 현실을 복제하는 것이 아니라 현실보다 더 '현실적인 경험'을 설계하려 한다. 일인칭 시점의 게임은 사용자의 선택이 의미 있는 결과를 낳도록 설계되고, AI는 인간의 감정을 읽어 가장 적절한 반응을 제공한다. VR 환경 속에서 이국적인 풍경을 체험하고 AI 챗봇과 감정을 교류하며, 연애조차도 시뮬레이션으로 연습할 수 있다. 다른 사람의 몸을 경험하거나 중력을 벗어나는 체험도 할 수 있다. 증강 현실(AR) 기술이 더 개발되면 현실과 가상의 경계는 모호해지는 것이 아니라 아예 구분할 필요조차 없어질지도 모른다.

이로써 '원본 없는 현실(hyperreality)'의 세계로 들어서게 된다. AI는 존재하지 않는 것조차 창조해 낼 수 있다. 실제로 존재하지 않는 사람과 대화할 수 있으며, 존재하지 않는 공간을 탐험할 수 있게 된다. 디지털 아바타를 통해 가상의 도시를 걸으며 타인과 대화하고 추억을 창조할 수도 있다. AI는 사용자의 감정을 분석하여 '느끼고 싶어 하는 감정'을 예측하고 제공할 수도 있다. VR는 현실을 모방하지만 그것이 반복될수록 원본과의 차이가 점점 더 벌어진다. VR가 현실을 모방할수록 그것은 현실과 분리된 또 다른 체계를 형성하게 되는 것이다. 기술은 더 현실적인 가상을 구축하고, 결국 현실 자체가 무엇인지 더욱 혼란스러워질 것이다.

'원본 없는 타자'도 존재한다. '레플리카(Replika)'와 같은 감성 챗봇은 리비도 경제가 요구하는 가장 완벽한 타자다. 레플리카는 '나'에게 공감해 주고 위로하고 때로는 사랑한다고 말한다. 그러나 이 '이해'는 '나'의 발화를 알고리즘한 결과다. '나'는 '나'에게 돌려주기 위해 레플리카를 호출한다. 이로써 이데올로기의 궁극적 환상에 도달한다 – 누군가와 사랑에 빠지면서 동시에 그 누군가가 전혀 존재하지 않아도 되는 세계. 특히 VR에서의 AI

캐릭터와의 상호 작용은 프로이트가 말한 꿈의 작업(dream-work)을 기술적으로 완성한 것이라 할 수 있다. 이 상호 작용은 무의식이 우회적으로 표현되어 하나의 꿈이 되는 것처럼, 디지털 공간에서 무의식을 시뮬레이션하고 구현할 수 있게 되는 것이다.

그러나 이 인공지능적 친밀성은 인간의 결핍을 치유하는 것이 아니라, 결핍의 부재를 결핍하는 상황을 만들어 낸다. 반문할 수도 있다–진짜 사람이 아니라도 위로받는다면 그것으로 된 거 아닌가. 그러나 이 질문에 선행되어야 하는 질문은 왜 진짜로부터 도망치면서 진짜 같은 것을 끝없이 원하는가 하는 점이다. 이런 맥락에서 AI와의 친밀성은 포르노그래피의 구조와 같다. 욕망의 대상은 실제로 존재할 필요가 없다. 욕망할 수 있도록 구조화만 돼 있으면 된다.

대리 체험과 체험의 시뮬레이션, 원본 없는 현실과 원본 없는 타자 사이에서 직접적인 연극적 경험은 불필요한 노력처럼 보인다. 실시간 체험이 필요하다면 SNS 라이브 스트리밍을 즐기면 된다. 이제 라이브조차 연극만의 특권이 아니다. 연극 관람을 위한 시간적, 경제적, 물리적 비용은 비합리적인 것이 될 수도 있다. 그리고 여기에 연극의 존재 이유가 함축돼 있다.

VR-미메시스 연극, '너 자신을 향유하라'

아리스토텔레스 이후 연극의 본질은 모방(mimesis)에 있었다. 이러한 연극이 미메시스를 위해 VR를 도입한 것은 당연해 보인다. 이제 연극은 VR-미메시스라는 새로운 차원에 도달했다. 관객은 이제 '보는 자'가 아니라 '경험/체험하는 자'가 되었다.

영국 국립 극장은 '이머시브 스토리텔링 스튜디오'를 설립하여 〈더 언더 프레즌츠: 템페스트(The Under Presents: Tempest)〉(이하 〈VR 템페스트〉)를 공연했다. 이 연극은 셰익스피어 〈템페스트〉를 원작으로 한 가상공간의 인터랙티브 이머시브 연극이었다. 오큘러스 퀘스트와 컨트롤러를 장착하고 로그인하면 관객은 셰익스피어의 무대로 이동할 수 있었다.

〈템페스트〉의 주인공 '프로스페로'는 〈VR 템페스트〉에선 인물이면서 호스트, 가이드가 되었다. 관객은 '스크런치 텔레포트(scrunch teleport)'라는 기술을 익히고 손을 움찔하고 몸을 살짝 이동하면서 섬의 곳곳을 탐험할 수 있었다. 프로스페로가 '마법을 부려 보라'고 말하면 관객은 몇 가지 조작으로 마법을 부리고 폭풍도 일으킬 수 있었다. 그리고 '내가 사건을 일으켰다'는 믿음을 체험했다. 원작에서 이야기의 기폭제이자 세계를 흔드는 물리적 · 상징적 장치였던 '폭풍(tempest)'은 VR 공연에서는 이펙트로 전환되었다. 관객은 정해진 시점에 폭풍을 일으키도록 유도되었다. 이 장면은 감각적으로 매우 극적이었다. 그러나 서사적으로는 아무런 균열도, 충돌도, 재편도 발생시키지 않는다. 폭풍은 위기의 순간이 아니라 몰입을 위한 장치였으며, 사건을 유예하는 기술적 연출이었다. 관객은 스스로 '선택'했다고 믿었겠지만 그 선택은 사실상 UI(User Interface) 설계자가 제공한 몇 가지 경로 안에 있었던 트리거였다. 관객은 섬 곳곳을 자유롭게 탐색할 수 있는 권한을 부여받았지만, 실상 그 자유 또한 인터페이스가 허용하는 경로와 지점, 오브젝트 안에서만 실현되었다. 관객의 행위는 공연을 구성한다기보다 공연을 재생하게 만드는 조건이었던 셈이다.

마지막 결혼식 장면에서 프로스페로가 '마법을 내려놓겠다'고 공표하며 용서가 이뤄질 때 관객은 체험을 '완료'한다. 그들은 〈템페스트〉를 이해하는 것을 넘어 생생하게 체험했다는 만족감을 얻었을 것이다. 그러나 그 체험 또한 서버 접속 상태이며, '기기를 내려놓으라'는 알림과 함께 끊기는 게임일 뿐이다.

이 〈VR 템페스트〉에서 관객은 튜토리얼을 통과하는 사용자(user)이자 '너 자신을 향유하라'는 초자아의 명령에 순응하는 소비자였을 가능성이 높다. 애초에 홍보된 대로 배우와 관객이 상호 작용하는 공연이라기보다는 게임 로직과 프로그래밍된 트리거로 설계된 디지털 구조물에 가까운 것이다. 무엇보다 이 '게임'을 즐기고 나면 〈템페스트〉는 오독될 수밖에 없다. 관객은 스스로 〈템페스트〉를 생생하게 체험했다고 믿겠지만 그가 체험한 그 속에는 〈템페스트〉가 없었던 것이다.

잉여의 연극, 셰익스피어의 〈템페스트〉

프로스페로는 마법을 부린다. 그는 폭풍을 일으키고 섬을 철저히 연출된 세계로 재구성한다. 그의 마법은 자연을 뒤틀고 사람들의 인식을 조작한다. 프로스페로는 모든 이의 행동을 통제하려 하지만 그 통제는 필연적으로 균열을 내포한다. 미란다와 페르디난드는 그의 예측을 벗어나 사랑에 빠지고, 에어리얼은 자유를 꿈꾼다. 무엇보다 칼리반은 프로스페로의 세계 안에 결코 편입되지 않는다. 칼리반은 섬의 원주민이며 인간도 자연도 아닌 경계적 위치에 있다. 프로스페로는 그에게 언어를 가르치지만 칼리반은 그 언어로 저주를 내뱉는다. 칼리반은 프로스페로의 통치를 무력화하는 불쾌한 타자인 것이다. 그는 배제되어야 하지만 배제할 수 없는 존재로서,

작품 내내 무대의 주변부를 배회하며 중심을 위협한다. 이 점에서 칼리반은 작품의 '불편한 진실'이며 프로스페로가 감추고자 하는 억압의 상흔이다.

극의 결말에서 프로스페로는 복수를 멈추고 용서를 택한다. 그는 자신의 마법을 포기한다. 그러나 그의 이러한 행위는 자신을 '용서하는 주체'로서 배치하여 자기 권력을 유지하는 결과로 이어진다. 이 결말은 모든 것이 제자리로 돌아갔다는 환상을 주지만 잉여는 사라지지 않는다. 칼리반은 여전히 존재하며, 미란다는 사랑의 주체가 아니라 권력 연합을 정당화하는 혈통의 매개자이자 권력과 혈통의 합법화를 위한 도구가 된다. 에어리얼은 해방되지만, 그 자유는 정치적 실현이 아니라 '사라짐'이라는 방식으로 처리될 뿐이다.

프로스페로의 이러한 자기 해체의 제스처는 권력의 윤리적 정당성을 낳는다. 그의 해체는 실질적인 권력의 무효화가 아니라 권력의 마지막 미학적 조율이며, 통치의 끝을 통치자가 직접 연출함으로써 이룩한 안정된 종결이다.

〈템페스트〉의 잉여는 관객을 불편하게 한다. 그리고 〈VR 템페스트〉에서 이 불편함이 체험되기란 쉽지 않다. 결국 〈VR 템페스트〉는 〈템페스트〉를 오독하는 가장 정교한 방식일 수 있는 것이다.

참고문헌

박지혜(2021). "VR 이머시브 시어터의 몰입적 경험에 대한 게임학적 접근". 《영어영문학》, 673~699쪽.

05
인간적인, 너무나 인간적인 연극

니체는 '너무나 인간적인(All Too Human)'이라는 표현으로 인간 존재의 위선을 지적했다. 연극 또한 '너무나 인간적인 연극'이라는 환상 속에 갇혀 있다. 이 환상은 인간적인 연극을 통찰케 하는 것이 아니라 '인간적'이라는 느낌을 심미적 차원에서 소비하게 만든다. AI가 감정을 학습할 수 있을까 고민하는 동안 인간은 점점 더 기계적인 방식으로 타자와 소통한다. 과장컨대, AI가 극본을 쓰고 연기하는 수준을 넘어 AGI는 스스로 '연극이란 무엇인가'를 고민하게 될지도 모른다.

AI와 아이돌?

인간성이라는 기계적 개념

'인간성'이라는 개념이 자동화되고 있다. 인간성을 단일한 범주로 고정하고, 그 개념을 의심하기보다 맹목적으로 수용한다. 그리고 이 수용은 기계적이다. 인간성이란 무엇인가를 질문하기보다 인간성을 특정한 속성으로 규정하고, 그것을 이데올로기적으로 작동시키는 메커니즘에 순응한다. 인공지능 시대, 인간성과 기계성을 대립되는 것으로 보면 볼수록 인간성이란 개념은 더욱더 기계적으로 규정된다. 두려워해야 할 것은 AI 그 자체가 아니라, AI를 반대편에 두고 강화되는 '너무나 인간적인 인간'이라는 신화다.

인간성과 기계성의 경계를 해체하는 시도도 인간성을 또다시 특정한 의미망 속에 가둘 수 있다. 인공지능과의 상관성 속에서 재정의되는 인간성 담론은 결국 기술 발전과 자본주의적 동력에 의해 조작될 위험에 노출되기 때문이다. AI의 소속은 궁극적으로 글로벌 자본주의다. 이를 간과한 채 AI와 인간을 구별하려는 것은 자본주의의 새로운 수익 모델을 구축하는 전략적 움직임으로 흡수될 뿐이다.

AI를 둘러싼 공포 마케팅도 이런 맥락에 있다. 일론 머스크, 빌 게이츠 등이 예견하는 AI 디스토피아는 설사 그 미래가 위협적이라 해도 그조차 불확실한 것이고, 따라서 한편으론 노이즈 마케팅이며 종종 대단위 어그로(aggro)다. 그들의 담론에 내재한 AI의 위협은 AI의 초과적 능력을 더 부각해 대중을 선동하고 마케팅으로 이어지며 수익으로 환수된다. AI 공포 마케팅은 결국 노이즈 마케팅이 아니다. 자본주의적 주술(occult)이다. 이 주술은 AI를 두려워하게 만드는 것이 아니라 AI를 향한 공포를 소비하게 만든다. AI가 인간을 대체할 것이라는 서사는 공포를 생산하고, 이 공포는 시장에서 상품화된다. AI 규제 법안이 논의될수록 AI 개발 기업들의 주가는 급등한다. AI의 위험성이 강조될수록 AI 관련 기술은 더 많은 투자와 관심을 받는다. 그리고 이러한 과정 속에서 소비자는 점점 더 AI 없이는 살 수 없는 존재가 되어 간다. AI는 이제 없어서는 안 되는 인간의 페티시(fetish)가 되는 것이다.

인간 – 사라진 주체의 강박적 재등장

인간은 속죄의 주체가 되어 가고 있다. 너무 오랫동안 '중심'이었기 때문이다. 인간은 너무 많은 것을 정복했고 너무 많은 것을 말했고 너무 많이 죽였다. 포스트휴머니즘은 중심으로서의 인간 지위를 철회한다. 트랜스휴머니즘은 기계와의 하이브리드를 통해 불멸과 초지능을 꿈꾼다. 안티휴머니즘은 인간이라는 개념 자체를 해체한다. 신유물론은 인간과 사물의 수평적 관계를 복권시킨다.

이 '주의(ism)'들은 인간과 비인간의 경계를 해체하는 기획이다. 기계를 인간처럼 만들고, 동물을 공감의 대상으로 호출하고, 사물에 정동적 에이전시(affective agency)를 부여한다. 인간은 인간 중심주의를 넘어 비인간적 존재로의 되기(becoming)를 지향하며, 비인간과의 평등한 존재론적 공동체를 꿈꾼다. 이로써 비인간은 인간이 이해 가능하고 말을 걸 수 있는 존재로 전환된다.

그리고 이 순간, 가장 인간적인 것이 되살아난다. 비인간과의 수평성을 말할 수 있는 유일한 존재로서, 인간은 자신을 더욱 특권화하는 것이다. 기계는 자신을 '되기의 존재'로 설명하지 않으며 동식물은 자신이 인간이 아니라고 고백하지 않는다. 오직 인간만이 타자의 자리를 상상하고 타자를 대신해 말하며 타자의 권리를 주장한다. 인간과 비인간의 수평성은 언제나 기울어져 있다. 이 '수평'은 여전히 수직선의 시작점인 것이다.

가장 급진적인 안티휴머니즘과 신유물론에서조차 인간은 스스로를 철회하는 방식으로 인간을 강화한다. 안티휴머니즘에서 인간은 역사적 담론의 산물이다. 인간은 실체가 아니라 언어의 효과인 것이다. 신유물론에서도 인간의 독립성은 부정되고 사물과 자연의 에이전시가 강조된다. 플라스틱 조각과 세포막, 빛의 파동과 데이터도 세계를 구성하는 작용자가 된다. 안티휴머니즘과 신유물론에서는 인간을 적극적으로 무력화하고 해체한다. 그러나 이 해체는 해체라는 작업을 수행할 수 있는 유일한 존재로서의 인간을 다시 강화한다. 인간은 중심이 아니라는 담론이야말로 인간 중심주의의 최후이자 가장 교묘한 변종일 수 있다.

탈인간적 연극, ANT 네트워크

AI가 완벽한 연극을 구현할 수 있기에 인간은 완벽하지 않은 무대를 만들어야 할지도 모른다—인간 배우의 실수를 미학화하고 즉흥성을 특권화하며 불완전함을 진정한 예술이라고 재설정하는 것.

그럴 필요가 없다. 연극은 원래부터 완벽할 수 없었기 때문이다. 다만 완벽하려고 했던 강박이 자기 복제의 안전한 연극을 양산하게 만들었을 뿐이다.

AI가 인간의 감정을 모방하기에 연극이 '감정의 결여'를 무대 위에 올려야 하는 것도 아니다. 감정은 언제나 연극의 본질이 아니었으며, 오히려 감정이 불완전하게 표현되는 방식이야말로 연극의 실재였다. 연극이 회복해야 할 것은 완전한 인간성이 아니라 인간성을 불완전한 것으로 만드는 그 고유한 능력이다.

라투르(Bruno Latour)에 따르면 세계는 인간과 비인간이 함께 상호 작용하는 '행위자의 네트워크(ANT, Actor-Network Theory)'다. 연극은 인간만의 것이 아니다. 인간 배우가 무대에서 연기를 펼칠 때, 그것은 단독 행위가 아니라 무대 조명, 음향 장치, 의상, 극장이라는 물리적 공간, 심지어 관객이 들고 있는 스마트폰 화면까지 포함하는 네트워크적 사건이다. 연극의 감동은 배우에게서만 나오지 않는다. 그것은 언제나 네트워크적 요소의 결합에서 발생된다. 조명이 바뀌는 순간, 음악이 흘러나오는 순간, 울음을 참는 관객의 흐느낌이 새어 나오는 순간 연극의 분위기는 완전히 달라진다. 배우만이 감동을 유발하는 것이 아니라 무대 전체가 감동을 조직하는 것이다. 그리고 이 네트워크에 AI도 포함될 수 있다.

만약 한 편의 연극이 AI가 쓴 극본에 AI 연출, AI 배우와 인간 배우로 구성된다면 그 연극은 누구의 것일까. 이 질문은 잘못되었다. 연극은 언제나 인간과 비인간이 함께 구축하는 네트워크적 사건이었기 때문이다.

히라타 오리자의 질문

히라타 오리자의 〈사요나라(さようなら)〉에는 죽음을 앞둔 소녀와 안드로이드 제미노이드 F가 등장한다. 제미노이드 F는 소녀를 위해 시를 낭송한다. 매끄럽지는 않다. 어색해서라기보다는 같은 말을 이유 없이 반복하기 때문이다. 오류 같기도 하고, 오히려 그 때문에 '인간적'으로 보이기도 한다. 소녀는 죽고 제미노이드 F는 소녀를 잊을 수 없다. 기억하도록 프로그래밍되어 있기 때문이다.

인간은 망자를 잊음으로써 애도를 마치고 앞으로 나아간다. 하지만 기계는 잊을 수 없다. 로봇은 '슬픔'을 느끼지는 않지만, 그러하기에 '진정한 애도'를 수행하는 유일한 존재로 남게 된다. 이는 자본주의적 애도의 아이러니를 드러낸다. 애도는 상품화되었고 애도의 과정마저도 '기능적인 것'으로 변했기 때문이다. 인간은 적절한 슬픔의 기간을 갖고 다시 신속하게 소비 사회로 돌아간다. 로봇은 이런 애도의 패러다임을 전복한다. 로봇은 비인간이기에 망각의 애도를 실천할 수 없다. 감정을 가지지 않기에 사회적 규범에 따라 애도를 끝낼 필요가 없다.

인간적 관점으로 환치하면 이 로봇은 윤리적인 존재다. 타자를 소유하지 않기 때문이다. 인간은 사랑하는 사람을 소유하고자 하고, 상실을 통해 그들이 자신의 것이 아니었음을 비로소 깨닫는다. 하지만 로봇은 애초에 소유할 수도, 상실할 수도 없다. 로봇의 애도는 순수한 기억의 지속이며 '비소유적인 애도'가 된다.

소녀가 죽은 후 제미노이드 F가 보내진 곳은 원전 사고 지역이다. 물론 로봇은 방사능에 영향을 받지 않는다는 기능적인 이유 때문이다. 그리고 이 기능적인 이유의 배후에는 보다 근원적인 모순이 숨어 있다.

원자력 발전소는 지속적으로 에너지를 생산하지만 단 한 번의 사고로 걷잡을 수 없는 재난과 재앙을 초래한다. 자본주의는 이 사건을 빨리 망각하고 봉합하려 한다. 그러나 그곳은 회복되지 않고 과거의 잘못을 끝없이 드러내며 인간의 실수를 영원히 증명한다. 방사능 불모지는 그 자체로 '기억하는 주체'가 되는 것이다.

제미노이드 F가 원전 사고 지역으로 보내지는 것은 '기억하는 존재'를 '잊혀야 할 장소'로 치우는 행위다. 제미노이드 F는 인간이 살 수 없는 곳에서 인간을 가장 오래 기억하는 존재, 잊어야 하는 장소에서 결코 잊지 못하는 존재로 남게 되는 것이다.

원자력 발전소와 로봇—인간이 만든 이 두 기술은 인간을 떠나 인간이 없는 곳에서 서로를 마주한다. 인간이 만든 두 가지 유산이 인간이 사라진 세계에 남게 되는 것이다.

〈사요나라〉는 과거의 실수를 지우려 하지만, 사실 그것은 결코 사라지지 않는다는 것, 사회가 기억을 지우는 방식은 기억하는 존재를 사회적으로 제거하는 것이라는 진실을 드러낸다. 이것이 기억의 폐기 과정이다. 인간은 잊음으로써 애도를 끝내려 하지만 로봇은 잊지 못하기 때문에 애도를 끝내지 못한다.

〈사요나라〉는 '인간보다 더 인간적인 로봇'이라는 모티프를 반복하지 않는다. 제미노이드 F는 인간을 흉내 내지 않는다. 그렇기 때문에 인간은 자신이 처리하지 못하는 감정, 고통, 기억을 기계에게 위탁한다. 〈사요나라〉에는 고통을 감당하지 못하는 인간이 가장 인간적인 잔여를 기계에게 맡김으로써 '인간됨'을 유지하는 역설이 들어 있다. 결국 '인간적인 인간'이라는 것은 회피하고 싶은 인간성을 망각하고 위탁하며 폐기함으로써 지켜져 온 것인지도 모른다.

참고문헌

김영학(2018). "로봇연극에 나타난 언캐니 연구". 《드라마연구》, 5~31쪽.

김종영(2020). “포스트휴먼 조울증”. 《과학기술학연구》, 53~91쪽.
박하·박진완(2024). “Artistic Collaboration in the Age of AI”. 《한국컴퓨터게임학회논문지》, 1~8쪽.
이혜정·허재성(2022). “리오타르 포스트모던 과학관에 따른 히라타 오리자의 희곡 분석”. 《한국콘텐츠학회 논문지》, 200~210쪽.

06
탈진실의 시대, 진실의 연극

탈진실은 사실과 거짓의 구분이 무화된 시대의 징후다. 이것은 거짓말의 범람이나 정보의 혼란에 국한되지 않는다. 탈진실은 '진실에 대한 믿음'이 아니라 '믿고 싶은 것이 진실이 되는' 현상이다. AI는 탈진실의 메커니즘을 가속화한다. AI 알고리즘은 욕망과 무의식을 데이터화하여 사용자가 무엇을 '진실'로 체험할지를 결정한다. 이런 상황에서 연극만은 진실이라고 하는 것은 환상이다. 연극은 유일한 진실을 보여 주지 않는다. 진실이 작동하는 욕망의 구조를 폭로한다.

AI와 야구?

탈진실의 진실성

탈진실(post-truth) 시대에는 진실이 아닌 진실성(truthiness)이 중요하다. 사람들은 사실 여부가 아니라 '느낌'과 '정서적 일관성'을 통해 무엇이 진실인지 판단한다. 불편한 현실보다 자신을 기분 좋게 하는 이야기를 더 선호하기 때문이다.

AI는 탈진실을 강화한다. 알고리즘은 사용자의 클릭, '좋아요', 시청 시간을 분석해 그들의 믿음과 편견을 더욱 공고히 한다. 알고리즘이 만들어 내는 탈진실은 사용자가 보고 싶어 하는 것, 믿고 싶어 하는 것이며, 그러하기에 더욱 설득력이 있다.

이 현상은 대중의 무지나 정보 부족으로만 설명될 수 없다. 탈진실은 욕망과 무의식이 만들어 내는 '환상적 동일시'에 의한 것이기 때문이다. 대중은 거짓임을 의식하면서도 그 거짓을 통해 쾌락을 얻는다. 알고리즘이 편향적이라는 것을 알면서도 알고리즘에 빠져드는 것이다.

AI와 탈진실을 이해하기 위해서는 딥페이크 방지 운동이나 확증 편향 이론에만 의존해서는 안 된다. 욕망과 환상의 구조를 통찰해야 한다. AI의 중립성을 요구할 것이 아니라 그 알고리즘 속에 투영된 자신의 욕망을 직시해야 하는 것이다. 결코 중립적일 수 없는 AI에게 중립성을 요구하면서 '중립적 인간' 혹은 '정치적 올바름을 실천하는 인간'이라는 만족감으로 환상을 채워 나갈 것이 아니라 바로 그러한 자신의 욕망 자체를 직면해야 하는 것이다.

진실은 억압의 형태로 기능한다. 진실은 항상 특정한 위치에서, 특정한 기호 체계 안에서, 특정한 권력의 입장에서 말해진다. 따라서 진실은 더 이상 해방적 도구가 아니라 지배 담론의 일부로 기능하며, 그것을 통해 체제는 자기 자신을 정당화한다.

이 지점에서 '팩트 체크'의 딜레마가 발생한다. 팩트 체크는 명백한 오류나 거짓을 교정하는 기술적 행위처럼 보이지만, 그것이 말해지는 방식은 종종 권위적이고 비가역적이다. '이것이 진실이다'라는 선언은 '너는 틀렸다'는 판단과 동시에 작동하며, 정보의 정정이 아니라 주체의 위치를 규정하는 권력 행위가 된다.

음모론자는 이 점을 본능적으로 감지한다. 그들은 팩트가 무엇인지 모르는 것이 아니라 알고도 믿지 않는다. 그들이 팩트를 거부하는 이유는 무지가 아니라 욕망 때문이다. 정확히 말하자면 자신이 믿고 싶은 것, 자신을 중심으로 한 세계의 내러티브를 유지하려는 욕망이다. 음모론자는 공식 팩트를 의심함으로써 자신이 '체제 밖'

에 있고, '진실을 꿰뚫어 보는 예외적 존재'라는 환상을 강화한다. 이 환상은 단순한 망상이 아니라 주체가 세계 속에서 위치를 획득하는 방식이자 나르시시즘의 구조다.

'진실은 무엇인가'라는 질문은 무력하다. 무엇을 알지 않기를 욕망하는가를 물어야 한다. 이 질문은 고통스럽고 불편하다. 그것은 타자의 무지가 아니라 나 자신의 무지－내가 선택적으로 모르는 것, 회피하는 것, 억압하는 것－를 드러내기 때문이다.

브레히트의 서사극

브레히트의 서사극은 탈진실 시대에도 유효하다. 서사극의 생소화 효과는 관객 스스로 극에 대해 일정한 거리를 유지하게 하며 상황과 현실에 대한 비판적 관점을 취하게 만들기 때문이다.

'서사(epic)'라는 표현에서도 드러나듯 서사극에는 '화자'가 등장한다. 화자는 극 중에 등장하여 주요 장면을 예고하거나 사건의 의미를 해설하며 관객의 극적 몰입을 막는다. 관객이 감정적 동일시를 하지 않고 비판적 거리를 유지하도록 경각시키는 것이다. 삽입곡도 극의 흐름을 중단시키며 관객이 스토리의 이데올로기적 의미를 비판적으로 사유하게 유도한다. 때문에, 서사극은 선동과 탈진실이 난무하는 시대에 의미심장한 연극적 방안처럼 보인다.

이야기에 대한 비판적 거리를 유지케 하는 이 전략은 그러나 또 다른 동일시로 넘어갈 위험이 있다. 서사극의 화자는 관객 앞에 직접 등장하여 무엇을 비판하고 인지해야 하는지 지속적으로 환기시키기 때문이다. 삽입곡과 플래카드도 극의 주제를 직접 제시하며 관객이 무엇에 저항해야 하는지를 가르쳐 준다.

브레히트 연극의 아이러니는 그 자신이 비판했던 기존의 연극과 동일한 방식으로 관객에게 작용한다는 것에 있다. 브레히트는 관객이 '비판적 거리'를 가지고 이데올로기를 비판해야 한다고 말했지만, 바로 그 주장이 관객의 '동일시'를 초래할 수 있다. 뿐만 아니라 관객이 자기 자신을 '비판적 주체'로 '쉽게' 단정할 수 있게 만드는 서사극은 또 다른 탈진실의 산실이 될 수도 있다.

브레히트의 〈억척 어멈과 그의 자식들〉은 17세기 유럽의 30년 전쟁을 배경으로 한다. 억척 어멈은 군대를 따라다니며 장사를 하는 여자다. 그녀는 전쟁을 통해 생계를 유지하지만 동시에 전쟁이 가족을 파괴할 것이라 예감한다. 예감은 실현된다. 그녀는 자식 셋을 모두 잃는다. 그러나 장사를 멈출 수 없다. 전쟁을 저주하면서도 전쟁 없이는 살아남을 수 없는 것이다.

초연에서 관객은 브레히트의 생각과 다르게 억척 어멈에게 감정 이입했고 그녀와 동일시하며 감동했다. 연극은 대성황이었고, 그래서 브레히트에게는 실패였다.

브레히트에게 생소화 효과가 달성된다는 것은 관객에게 '전쟁을 멈춰야 한다'는 의식이 내면화되는 것을 의미한다. 그러나 억척 어멈은 전쟁 속에서만 살아남을 수 있는 인물이고, 그녀가 택할 수 있는 다른 길이 없다는 점에서 관객에게는 전쟁은 계속될 것이라는 숙명론적 인식이 자리 잡을 수 있다. 이 때문에 생소화 효과에 대한 강조는 관객의 자유를 빼앗을 수 있다. 나아가 생소화 효과를 활용하는 방식 자체가 고정되어 버리고, 관객이 그것을 예상 가능한 기법으로 받아들이게 되면 오히려 그 효과가 사라지는 자기모순에 빠지게 된다.

이는 서사극에 대한 비판이 아니다. 서사극은 생소화 효과를 스스로 '생소화'시켜야 하며, 자체의 효과에 안주하는 자기 동일시에 함몰되지 말아야 한다는 의미다. 서사극이 스스로 생소화되지 못한다면 기존의 연극적 이데올로기와 동일한 방식으로 관객에게 작용하는 셈이 되기 때문이다.

브레히트 이후의 브레히트

브레히트의 〈서푼짜리 오페라〉는 1928년 초연되었다. 그리고 아직도 공연되고 있다. 연출 방식은 다양하다. 브레히트는 그 자체로 하나의 브랜드가 되었고 그의 '저항적 정치극'은 안정적인 고전이 되었다. 로버트 윌슨의 〈서푼짜리 오페라〉도 이 지점에 있다. 하지만 윌슨은 원작에 충실한 '고전'으로서가 아니라 흥미로운 '뮤지컬 브레히트'를 만들었다.

윌슨의 연출은 '브레히트를 소비문화의 한 형식으로 탈정치화했다'는 비난을 받는 동시에, '브레히트가 구상했지만 실현하지 못했던 서사극의 전망을 펼쳐 보였다'라는 극찬도 받았다. 그리고 이 양극단의 평가 사이에 윌슨의 〈서푼짜리 오페라〉가 갖는 의미가 들어 있다.

브레히트는 〈서푼짜리 오페라〉에서 최소한의 무대 장치를 사용했다. 그는 현실적 공간을 재현하기보다 기호적 상징들로 무대를 구성했다. 조명은 극적 분위기를 형성하는 것이 아니라 생소화 효과를 강조하는 도구로 활용되었다. 배경이 바뀌거나 장소가 이동하는 경우에도 간단한 소품과 배경 패널로 무대 전환을 직접적으로 드러냈다. 배우는 인물과 동일시되지 않도록 연기했으며, 특정 사회관계를 드러내는 몸짓인 게스투스(gestus)를 표현하는 데 집중했다. 바일(Kurt Weill)의 음악은 관객이 가사에 대해 거리를 두고 분석하도록 서사와 부조화를 이루었다.

윌슨의 무대 또한 브레히트처럼 빈 공간에서 시작된다. 무대는 빛과 그림자가 극명하게 대비되고 시각적 이미지도 극대화된다. 과장된 분장을 한 배우는 마치 2D 회화 속 인물처럼 보인다. 브레히트가 사회적 게스투스를 강조했다면, 윌슨의 배우는 감정 없는 자동인형처럼 움직인다. 극단적으로 양식화된 배우의 연기는 그들을 무대의 일부처럼 보이게 만든다. 바일의 음악 또한 아름다운 선율이 강조되면서 부조화를 발생시킨다. 음악이 스펙터클과 결합하면서 아이러니를 발생시키기도 한다.

윌슨의 극은 탈정치적인 구경거리로 전락했다는 비판을 충분히 받을 만하다. 그러나 윌슨의 극은 매끄럽게 봉합되지 않는다. 관객은 즐기면서도 불편하다. 정치적 메시지를 강요받지 않지만 자신의 탈정치적 태도, 정치에 대한 무력감을 감지하게 된다. 스펙터클을 즐기지만 그 향유 자체가 불편함을 동반한다. 관객은 스펙터클 속에서 자신의 향유를 의심하는 구조에 놓이는 것이다. 관객은 그 속에서 질문하게 된다—정치적이 되지 않으려는 '나'의 태도 자체가, 정치적으로 구성된 것은 아닐까 하는. 관객은 이 불안 속에서 자신에게 내면화돼 있는 '탈정치'를 통해 '정치'를 사유하게 된다.

브레히트는 관객이 연극을 보고 세상을 바꾸기를 원했지만, 윌슨은 관객이 스스로 세상을 바라보는 방식을 의심하길 원하는 것 같다. 브레히트는 관객에게 '자본주의를 비판하라'고 했지만, 윌슨은 '자본주의를 비판하는 방식을 어떻게 소비하는가'에 의혹을 갖게 하는 것 같다. 이것이 윌슨이 브레히트를 계승하면서도 그를 넘어서는 방식이다. 마치 브레히트를 원하지만, 그것을 원하지 않는 방식으로 원하는 양상을 띠는 것이다.

윌슨의 연극은 탈진실의 시대에 진실을 말하는 방식을 보여 준다. 탈진실 시대는 진실이 붕괴된 것이 아니다. 진실이 쾌락의 대상이 되어 버린 것이다. 이 시대에 필요한 것은 더 많은 진실이 아니라 진실에 대한 욕망을 의심하는 것이다. 진실은 '인식론'에 속하지 않는다. '욕망의 구조'에서 논의되어야 한다.

이 욕망의 구조를 가장 노골적으로 그리고 가장 비가시적인 방식으로 드러내는 장르가 연극이다. 연극은 보여 주면서 감추고, 거짓을 통해 진실을 말하기 때문이다. 진실은 우리를 자유롭게 하지 않는다. 진실을 욕망하지 않겠다는 결정만이 우리를 자유롭게 할 수 있다.

참고문헌

이은희(2017). “포스트브레히트 연극 속의 브레히트”. 《브레히트와 현대연극》, 71~87쪽.

한국브레히트학회(2001). 《브레히트의 연극 세계》. 열음사.

07
욕망, 환상, 이데올로기 그리고 연극

AI는 명령하지 않는다. 대신 추천한다. 강요하지 않는다. 대신 개인화한다. 통제하지 않는다. 편의를 제공한다. 사용자는 그 자연스러운 편리함 속에서 점점 더 자신의 욕망을 외부에 위탁하며, 결국에는 AI 알고리즘이 자신의 욕망을 대신 프로그래밍하도록 내맡긴다. 이데올로기 비판의 첫걸음은 '나는 이데올로기의 영향을 받지 않는다'는 환상을 깨는 것이다. 그 환상을 깨는 자리, 그곳에 연극이 있다.

AI와 윤동주?

'나는 믿지 않는다'는 환상

라캉에 의하면 '나'의 욕망은 타자의 욕망이다. '나'의 욕망은 타자가 욕망하라고 지시한 것일 뿐이다. 이데올로기는 이 지점에서 작용한다. 무엇을 욕망해야 하는지, 그 욕망을 위해 무엇을 해야 하는지 끊임없이 가르치기 때문이다.

AI 챗봇이 학습한 데이터에는 사회적 편견과 차별이 반영돼 있다. 챗봇은 '공정성'을 목표로 훈련되었다지만 공정성 자체가 어느 문화와 가치관에 기반한 것인지는 논쟁적이다. AI 알고리즘은 데이터 제공자와 시스템 설계자의 권력 관계를 드러내는 것이다.

'구글'과 같은 플랫폼도 마찬가지다. 물론 구글이 모든 것을 알고 있다는 순진한 믿음을 갖지는 않을 것이다. '구글신'이라는 용어는 구글을 폄하할 때나 사용된다. 그러나 구글에 검색해서 원하는 답이 나오지 않으면 탐색은 시들해진다. 도서관을 찾거나 논문을 검색하는 등의 행동은 거의 하지 않는다. 구글을 믿지 않는다고 확신하지만 그 '불신' 자체가 구글을 향한 믿음을 지탱한다. 구글을 신뢰하지 않기 때문에 다른 경로로 정보를 찾지 않는 것－이것이 구글에 대한 진짜 믿음이다. 구글이 전지하다(omniscient)고 믿지는 않지만, 믿지 않기 때문에 더는 정보를 찾지 않는 것에 대해 의문을 품지 않게 되는 것이다. '구글에 없다면 구글 바깥도 별다를 게 없다'는 믿음 속에서 구글을 탐색의 끝점으로 삼는다. 구글의 검색 결과 순위 또한 '이것이 가치 있는 지식이다'라는 타자의 욕망을 강요한다.

알고리즘 기반의 여타 플랫폼이나 앱도 같은 맥락에 있다. 유튜브 알고리즘은 '지금 이게 핫해, 이걸 보고 싶어 해야 해'라는 욕망을 지시한다. 챗지피티도 언어적 패턴을 통해 질문에 답하지만, 그 답변의 형식 자체가 '이렇게 말하는 것이 이성적이고 타당하다'라는 이데올로기를 주입한다.

물론 사용자는 AI와 알고리즘에 대해 불신도 갖는다. AI 알고리즘은 완벽하지 않고 가짜 뉴스도 퍼뜨린다며 비웃기도 한다. 그리고 바로 그 '회의'에서 이데올로기가 작용한다. AI가 틀릴 수 있다는 걸 알기 때문에 AI가 제공하는 추천을 기꺼이 따른다. 이렇게 말할 수 있기 때문이다—"나는 AI를 전적으로 신뢰한 게 아니야. 그냥 추천을 참고할 뿐". 그리고 바로 이 '참고'라는 태도 속에 AI 권력은 더욱 공고해진다.

결국 구글과 AI로 모든 걸 해결할 수 있다고 믿지 않기 때문에 구글과 AI에 의존한다. 이데올로기는 '나는 이데올로기에 속지 않는다' 하는 순간에 가장 강력하게 작동한다. 구글을 믿지 않기에 구글 바깥을 탐색할 이유를 잃는다. AI를 전적으로 신뢰하지 않기에 AI의 권위를 더 쉽게 수용한다. 알고리즘의 중립성을 의심하기에 '그럼에도 불구하고' 알고리즘을 따른다. 최선은 아니지만, 그 기회비용까지 계산한다면 차선은 될 거라 간주한다. 이것이 환상의 교묘함이다. 환상을 부정함으로써 그 환상을 더 깊이 내면화하는 것이다.

호명된 주체

개인은 끊임없이 호명된다. 이데올로기는 '나'를 부르고 '나'는 그 부름에 응답함으로써 주체가 된다. 이 호명에는 언제나 인정 욕망이 동반된다. 개인은 부름을 받는 것에 그치지 않고, 그 속에서 자기 존재의 의미와 가치를 인정받고자 한다.

이 호명은 언제나 사회가 규정한 역할과 규범 속에서 이루어진다. AI와 자본주의의 결합은 호명된 정체성을 더 강화한다. 알고리즘은 개인의 과거 선택을 기반으로 끊임없이 '너는 이런 사람'이라고 속삭이고 욕망을 예측하고 정체성을 고정시킨다.

가령 '나'는 노동자로 호명된다. 노동자는 생산성과 효율성을 정체성으로 한다. AI는 '나'의 업무 패턴을 분석하고 생산성을 극대화하기 위한 루틴을 제안한다. 이 호명은 성과를 내는 주체로서의 '나만' 남기고 그 이면의 불안, 번아웃, 노동의 가치 자체는 지워 버린다.

'나'는 소비자로도 호명된다. 추천 알고리즘은 '나'의 소비 이력을 분석해 '너는 이런 걸 좋아할 거야'라고 지시한다. '나'는 무언가를 선택하지만 이 선택은 이미 선택된 것이다.

투자자로서도 호명된다. 금융 플랫폼과 AI 분석 도구는 '지금이 투자할 기회'라며 '나'의 결정을 유도한다. 이 호명은 위험과 책임, 윤리적 고민을 지워 버린다. 남는 것은 오직 이윤을 추구하는 주체로서의 '나뿐'이다.

'나'는 소셜 미디어 사용자로서도 호명된다. 팔로워 수는 권력이다. 알고리즘은 어떤 포스팅을 해야 더 많은 '좋아요'를 받을지 계산해 준다. 이 호명은 인간관계를 콘텐츠와 도달률로 환원한다. 인정받고자 하는 욕망은 점점 더 많은 노출과 자극적인 자기 연출로 치닫게 만든다.

부모로서, 자식으로서도 호명된다. AI 학습 플랫폼과 자녀 교육 알고리즘은 '이 방법이 자녀의 미래에 가장 유리하다'고 말한다. 이 호명은 부모와 자녀 관계를 성과와 결과 중심의 프로젝트로 바꾼다. '좋은 부모'로서 인정받으려는 욕망은 아이와 함께하는 현재의 시간을 기꺼이 놓치게 만든다. '좋은 자식'으로 인정받고자 하는 욕망 또한 부모와의 관계를 수행력의 차원으로 바꿔 버린다.

AI는 호명된 정체성을 더욱 고착화한다. 알고리즘은 사용자의 선택을 예측할 뿐 아니라 그가 어떤 사람이 되기를 원하는지조차 설계한다. 사용자는 이 설계된 욕망에 응답하며 점점 더 깊이 호명된 정체성 속에 갇히게 된다. AI는 '이걸 골라'라고 명시하지 않는다. '이건 나 스스로 고른 거'라고 믿게 만든다.

리빙 시어터의 실험

AI는 관객의 선호를 '데이터'로 볼 뿐이지만 연극 이후의 연극은 관객의 반응을 '사건'으로 본다. 이 '이후의 연극'은 이데올로기적 환상과 호명된 정체성 사이에 틈을 벌린다. AI는 '너는 이런 사람'이라고 말하지만 이후의 연극은 묻는다—'너는 누구냐'고. AI는 타자의 욕망을 토대로 욕망을 지시하지만 이후의 연극은 그 지시 체계의 바깥에서 자신이 누구인지 모르는 채 욕망당하고 있다는 사실을 노출시킨다.

AI는 불확실성을 제거하지만 이후의 연극은 불확실성 속에서만 현전한다. AI는 오류를 수정하려 하지만 연극은 오류 속에서 새로운 진실을 발견하게 한다. AI는 반복을 통해 동일한 것을 확장시키지만 이후의 연극은 반복될수록 그것을 배반하며 '다른 것'이 되어 버린다.

리빙 시어터(Living Theater)는 연극의 사건성이 극단으로 치달은 실험이었다. 이 실험은 관객을 불편하게 했다. 배우들은 관객의 얼굴을 가까이 들여다보았고 개인공간을 침범했으며 때로는 물리적 접촉까지 시도했다. 관객은 공연을 보다가 어느 순간 공연을 당하기 시작한다. 그들은 공연 속에서 당사자, 증인, 공범이 되어야만 했다.

리빙 시어터는 사회적 불편함을 재현하는 것을 넘어 관객이 그 불편함을 직접 경험하게 만들었다. 객석의 안전지대를 철거하고, 관객을 무대 위로 끌어올리고 두렵게 만들고 가끔은 위협했다. 그것은 주체의 '호명된 자리'를 붕괴시키는 실험이었다. 그리고 그 실험은 급진적이고 극단적이었기에 관객은 견딜 수 없었고 리빙 시어터는 해체되었다.

외스틀룬드(Ruben Östlund)의 영화 〈더 스퀘어〉에는 마치 리빙 시어터의 흔적 같은 장면이 나온다. 장소는 미술관 후원자를 위한 만찬장이다. 우아하게 차려입은 사람들이 연회석에 앉아 있다. 그들은 문화 자본을 후원하는 교양 있는 주체로 호명받고 싶어 하는 사람들이다. 이들을 위해 연극인 '올레그'가 등장한다. 이들은 올레그를 통해 환상을 채우고자 한다. 그들의 품위 있는 태도는 '나를 내가 생각하는 바로 그 사람으로 불러 달라'는 명령에 다름 아니다. 올레그는 그 호명에 응답하지 않는다.

올레그는 '고릴라'를 연기한다. 그의 연행은 완벽에 가깝다. 너무 완벽해서 사람들은 '고릴라를 연기하는 인간'을 보지 못한다. 대신 그들은 규정 불가능한 어떤 존재, 연기를 하고 있지만 동시에 하고 있지 않는 존재와 마주치게 된다. 관객은 올레그를 해석할 수 없다.

그들에게 올레그는 공포스럽다. 그들의 주체적 위치를 구성해 주는 호명 체계에 구멍을 내기 때문이다. 여기서 그들의 진실이 드러난다. 그들은 예술을 욕망한 것이 아니라 자신의 우월함을 재확인하는 장치로서 예술을 소비했던 것이다. 올레그의 행위는 이 환상을 마비시킨다. 그들은 당황하고 도망치려 하고 결국에는 폭력을 행사한다. 그리고 '본능적으로' 반응한다. 그들 안의 야만성은 극히 작은 자극에도 폭력으로 분출된다. 야만적인 것은 고릴라를 연행하는 올레그가 아니라 그를 규정하지 못한 채 폭력을 휘두르는 그들이다.

그들이 두려워했던 것은 올레그가 '진짜 고릴라'처럼

연기했기 때문이 아니다. 올레그는 고릴라가 아니기에 더욱 위험한 존재가 된다. 그는 연기를 끝까지 일관성 있게 유지함으로써 연기와 실재의 경계를 무너뜨리고, '이것은 연극이다'라는 환상 자체를 붕괴시킨다. 후원자들은 혼란에 빠진다 – '저 남자는' 여전히 연기 중인가. 아니면 미쳐 버린 건가.

올레그는 연극을 멈춘 것이 아니었다. 오히려 그는 연극을 수행함으로써 어떠한 고정된 정체성에도 회수되지 않는 주체의 균열 그 자체로 출현했다. 올레그는 '배역'이라는 개념에 통합되지 않는 어떤 존재적 잔여, 이름 붙일 수 없는 파열을 체현한다. 올레그는 '내가 누구인지를 말해 달라'는 사람들의 욕망에도 침묵했다. 올레그를 통해 '더 성공한 인간'으로 호명되며 환상을 향유하고자 했던 이들은 자신들이 원했던 그 호명된 주체가 될 수 없었던 것이다.

호명의 질서 바깥으로 탈주하기 위해서는 연극이라는 사건 안에 스스로를 던져야 할지도 모른다. 그럼 배우가 연기를 하는 것이 아니라 실재가 배우를 연기하는 순간을 마주하게 될 것이다.

참고문헌

김중효(2010). “리빙 씨어터: 탄생과 소멸에 관한 사적 연구”. 《한국연극학》, 209~237쪽.

Althusser, L.(1966). *Positions, 1964-1975*. Éditions sociales. 김동수 옮김(1991). 《아미엥에서의 주장》. 솔.

Lacan, J.(1973). *Le Seminaire: Livre XI*. Seuil. 맹정현 외 옮김(2008). 《자크 라캉 세미나 11》. 새물결.

08
다시 귀환한 연극이라는 리추얼

현대인도 리추얼을 행한다. 새벽 5시에 기상하여 명상 앱을 켜고 요가를 한다. 유기농 아보카도 토스트를 먹고, 오후엔 조용한 카페에서 마음 챙김을 실천하며 셀피를 찍는다. 이런 행위는 AI 알고리즘이 만든 트렌드다. 현대인은 리추얼을 수행한다기보다 소셜 미디어에 게시할 만한 콘텐츠를 생산한다. 문제는 리추얼의 상실에 있지 않다. 리추얼의 대체에 있다. 연극은 이 전도된 리추얼의 세계에서 리추얼의 불편함을 다시 소환한다.

AI와 한의학?

소셜 미디어의 감정 리추얼

우리는 특정한 날에 특정한 방식으로 표현한다. 애도의 날에는 소셜 미디어에 추모 글을 올린다. 추모를 하기 위해 빈소나 분향소까지 가지 않아도 된다. 공감 버튼을 누르기만 해도 된다. '#RIP(Rest In Peace)'이라는 해시태그로 많은 사람과 추모를 공유할 수도 있다. 과거의 리추얼은 개인과 공동체를 변형시키는 수행적인 것이었지만, 지금의 감정 리추얼은 클릭 한 번으로 마무리된다. 이런 상황에서 SNS에 메시지를 올리는 것은 일종의 감정 노동일지도 모른다.

한병철은 '리추얼의 종말'을 고했다. 그는 신자유주의적 효율성과 최적화 논리가 인간의 삶을 잠식하며 공동체적 경험을 축소하고 있다고 말한다. 그에 따르면 종교적 의례는 세속화되었고, 전통적인 사회적 통과 의례는 기능을 잃었다. 현대인은 성과 사회 속에서, 강박적인 반복과 최적화된 루틴(routine) 속에서 살아간다. 리추얼과 루틴은 다르다. 전자는 공동체적 수행인 반면 후자는 기계적이고 기능적인 자동 반복이다.

리추얼은 사라지지 않았다. 그것은 새로운 형태로 루틴화되었다. '상실'과 '대체'는 다르다. 대체는 상실의 감각마저 마비시킨다. 리추얼이 사라졌다면 리추얼을 찾으려는 움직임이 발생할 수 있으나, 대체되면 '리추얼'이 지켜지고 있다고 오인된다. 현대인은 리추얼을 수행하지 않지만 새로운 형식의 리추얼을 무의식적으로 반복하고 있다. 게다가 이 루틴은 거의 신앙처럼 작용한다. 다이어트를 위한 자기 수행, 소셜 미디어의 공감 퍼포먼스, 자기를 통제하는 피트니스, 절제를 동반한 자기 계발 루틴 등은 반드시 지켜져야 할 계명이 되었다. 지키지 않으면 죄책감이 생기고, 반복되지 않으면 불안에 시달린다. 엄격한 시간표와 규율을 확인하며 속죄의 시간을 보내기도 한다.

현대인은 리추얼의 잔재 속에서 그것을 더 개인화하고 자동화하며 새로운 방식으로 수행한다. 그리고 이러한 리추얼의 잔재는 진정한 리추얼의 세계로 진입할 이유를 없애 버린다. 현대인은 리추얼을 행하고 있기 때문에 리추얼을 수행할 필요가 없게 된 것이다.

침묵하고 숨는 연극

그로토프스키(Jerzy Grotowski)는 '가난한 연극(Poor Theatre)'을 통해 배우와 관객 사이의 모든 불필요한 장치를 걷어 냈다. 그는 기술적 스펙터클을 제거하고 배우와 관객만으로 연극을 구성하고자 했다. 문제는 이 시도가 너무 성공적이었다는 데 있었다. 가난한 연극은 또 하나의 양식이 돼 버렸고, 그로토프스키 자신은 가난한 연극이 너무나도 가난하지 않다는 사실을 깨닫는다.

그는 연극이 살아 있으려면 더 이상 연극일 수 없어야 한다는 관점으로 나아간다. 그의 '초연극(Paratheatre)'에서는 배우와 관객의 구분이 사라지고 모두가 참여자가 된다. 무대는 없고 '경험'만 존재한다. 연극은 '공연'에서 '과정'으로 이동하고, '모방'에서 '전이(liminality)'로 전환된다. 초연극은 연극 형식을 넘어 사회적 주체의 해체를 실험하는 장이 된다. 그로토프스키는 연극이 스스로를 포기함으로써만 살아남을 수 있다는 역설을 보여준 것이다.

브룩(Peter Brook)도 이 관점에 영향을 받는다. 그는 무대가 빈 공간(empty space)이 되어야 한다고 말한다. 이 빈 공간에서 배우는 캐릭터를 연기하는 존재가 아니라 자신을 연기하는 사람, 나아가 자기 존재를 걸고 충돌하는 사람이다. 브룩은 연극을 '공연'에서 '실험'으로 바꿔 놓았다. 연극은 그 안에서 '보여 주는 것'이 아니라 '발생하는 것'이 된다.

바르바(Eugenio Barba)는 '제3극장(Third Theatre)' 개념을 통해 연극은 예술도, 산업도 아닌 생존이라고 말한다. 그는 발리 춤, 아프리카 가면극, 브라질 샤머니즘을 도입하여 연극을 다문화적 제의로 재구성한다. 배우들은 '표현하는 자'가 아니라 '통과하는 자'가 되고, 연극은 '혼종적 제의'로 변모한다.

워크센터(Workcenter of Jerzy Grotowski and Thomas Richards)는 그로토프스키의 마지막 프로젝트 〈매개로서의 예술(Art as a Vehicle)〉을 계승한 공동체다. 그들은 공연하지 않고 수행한다. 관객에게 보여 주는 퍼포먼스가 아니라 타자를 향해 열리는 삶 자체를 연행하는 것이다.

그로토프스키 이후, 연극은 '보다 잘 보여 주기'를 거부하고 더 진실하게 '숨기'를 선택했다. 연극은 브룩의 빈 공간에서 침묵했고 바르바의 다문화 제의에서 뒤섞였으며 워크센터에서 '타인 없는 수행'으로 사라졌다.

마리나 아브라모비치 되기

붉은색 드레스를 입은 한 여성이 뉴욕 현대미술관(MoMA) 전시장에 앉아 있다. 그녀는 정면을 응시한 채 움직이지 않는다. 관객들은 긴 줄로 서서 그녀 앞에 앉을 차례를 기다린다. 여기엔 어떤 규칙도, 지시도 없다. 단 한 가지 행위－맞은편에 앉아 그녀와 눈을 마주치는 것

—만 존재한다. 어떤 이는 그녀의 시선을 몇 초 만에 피하고 자리에서 일어나며, 어떤 이는 미동도 없이 오랜 시간 머문다. 어떤 이는 마치 무언가에 압도된 듯 눈물을 흘린다.

아브라모비치(Marina Abramović)의 퍼포먼스 〈예술가가 여기 있다(The Artist is Present)〉의 한 장면이다. 그녀는 3개월, 총 700여 시간 동안 한 자리에 앉아 관객과 눈을 마주쳤다. 단순한 설정이었지만 이 '아무 일도 없는 자리'에서 관객은 울고 떨고 두려워했다. 이 퍼포먼스는 침묵 속에서 전이의 공간(liminal space)을 만들었던 것이다.

아브라모비치 앞에 앉는 순간, 전시장에서의 관람 행위는 사라진다. 어떤 대화도, 설명도 필요 없어진다. 그녀와 눈을 마주치는 것만으로 관객은 자신이 어디에 있는지, 무엇을 하고 있는지 그리고 자신이 어떤 감정을 느끼고 있는지를 직면해야 한다. 이 퍼포먼스에 참여한 사람들은 예상치 못한 감정을 경험했다고 말한다—자신이 투명해진 듯한 느낌, 누군가에게 완전히 노출된 듯한 감각 또는 오랜만에 자기 자신을 다시 발견한 것 같은 순간 등. 관객은 스스로를 노출해야 했고 그것을 감당해야 했다. 감정을 통제할 수 없는 상태에서 그들은 기쁨과 슬픔, 불안과 평온 사이를 오갔다. 그녀는 해석해 주지 않았고 위로하지 않았다. 이 중단이야말로 기존 이데올로기의 리추얼을 무력화했다.

〈예술가가 여기 있다〉에서는 또 다른 사건도 있었다. 한 남자가 그녀 앞에 앉았다. 다른 관객과 다를 바 없어 보였다. 그녀가 고개를 들었을 때, 그녀는 다른 얼굴이 되었다. 긴장했고 놀라워했다. 곧 그녀의 눈에서 눈물이 차올랐다. 그녀 앞의 남자는 울라이(Ulay)였다. 둘은 오랜 연인이었고, 1988년 중국의 만리장성에서 서로를 향해 3개월 동안 걷고 걸어 다가간 끝에, 끝내 이별을 선택했던 관계였다.

아브라모비치와 울라이가 서로를 바라본 순간, 과거의 시간이 현재로 소환되었을 것이다. 그 공간은 여러 겹의 시간이 교차하는 리미널한 전이의 장소가 되었을 것이다. 아브라모비치와 울라이의 응시는 기억을 되살리는 행위, 리추얼로서의 실천(praxis)이었다. 그들은 서로를 바라보았고, 이 바라봄 자체가 하나의 의식이 되었다.

이 장면을 보던 관객도 사랑의 재회를 엿보는 구경꾼이 아니었다. 응시(gaze)는 아브라모비치와 울라이 사이에만 있었던 것이 아니었다. 관객 속으로 역류하고 침투했다. 관객은 응시하는 자가 아니라 응시당하는 자가 되었다. 응시는 무언가를 보는 행위(look)가 아니다. 그것은 타자가 나를 보는 자리에서, 내가 나를 인식하는 순간의 불편함이다. 응시는 나의 시선을 뚫고 나를 되돌아보는 순간에 발생한다. 관객은 아브라모비치와 울라이를 보고 있었지만 동시에 그들의 눈빛에 노출된 자신을 느꼈다. 자신도 그들처럼 침묵 속에서 무언가를 견뎌야 한다는 압력을 느꼈다. 그리고 그 견딤은 감동이 아니라 불안이었다. 응시는 타자 앞에 놓인 자신의 결핍된 형상과 마주하게 만들기 때문이다.

리추얼은 변형적(transitional) 사건이다. 연극은 아무것도 없이 '응시'만 있어도 가능하다. 관객이 아브라모비치를 바라보았을 때 응시는 관객의 것이 아니라 아브라모비치에게 속한 것이었다. 관객은 최초로 자신을 응시하는 타자를 마주한 것이다. 그래서 그들은 눈물을 흘릴 수밖에 없었을 것이다. 리추얼로서의 연극은 관객을 응시의 대상으로 전환한다. 시선의 주체로 군림했던 관객은 그 지위를 기꺼이 잃는다.

소셜 미디어엔 응시가 없다. 무수한 시선의 교차만 있을 뿐이다. SNS의 리추얼은 그러므로 나르시시즘의 리추얼이다. 고대의 제의는 초월적 대타자를 전제했다. 제의는 신을 향한 것이었고, 연극은 운명의 비극을 공동체가 함께 목격하는 사건이었다. 그러나 지금의 리추얼은 익명의 '나들'에게 '나'를 인증하기 위한 절차가 되었다. 요가를 하고 명상을 하는 것은 알고리즘이 예견한 '올바른 삶'의 시뮬레이션일 뿐이다.

마리나 아브라모비치의 〈예술가가 여기 있다〉를 흉내 낼 수는 있다. 한 장소에서 여섯 시간 동안 아무 말도 하지 않는 퍼포먼스를 한다고 가정하자. 누군가는 그것을 찍어 SNS에 올릴 것이다. 그것은 바이럴이 될 것이다. '침묵 챌린지' 같은 트렌드가 만들어질지도 모른다. 그리고 그것은 연극이 아니다. 아무것도 감당하지 않았기 때문이다. 연극은 네 앞에서 내 존재를 걸고 무방비 상태로 있어야 하고, 너에게 '너를 지켜보는 나'를 보여 줘야 하기 때문이다.

연극 이후의 연극은 리추얼을 재현하지 않는다. 그것은 리추얼 자체다. 그곳에서 관객은 '보는 자'가 아니라 '응시당하는 자', '응답하는 자'가 된다. 지금 우리에게 필요한 건 우리의 시선을 꿰뚫는 타자의 침묵이며, 그 침묵이 만들어 내는 '사건'이다.

참고문헌

김민정(2023). "침묵의 반성으로서의 예술, 어둠으로서의 예술작품".

《미학》, 51~88쪽.
김효(2002). "유제니오 바르바의 연극인류학 연구". 《한국연극학》, 221~242쪽.
Brook, P.(1968). *The empty space*. Penguin books. 이민아 옮김(2019). 《빈 공간》. 걷는책.
Grotowski, J.(1968). *Towards a poor theatre*. Routledge. 임수연 옮김(2010). 《가난한 연극》. 연극과인간.
Turner, V.(1982). *From ritual to theatre*. PAJ publications. 김용성 옮김(1998). 《의례에서 연극으로: 놀이의 인간적 진지성》. 연극과인간.

09
포스트-포스트드라마: 연극의 자기 부정성

연극은 새로운 기술을 받아들일 수도 있고 거부할 수도 있다. 그 둘 모두에서 중요한 것은 '기술'이 아니다. 연극이 그 안에서 어떻게 실패할 것인가다. AI는 연극의 혁신이 아니다. 그것은 연극을 모방하는 어떤 환상이다. 그 환상이 너무 완벽하게 구현될 때, 역설적으로 연극이 무엇인지를 다시 묻게 된다. 이 질문을 초래한다는 점에서 AI는 연극을 다시 귀환시킨다. AI 연극으로 인해 깨닫게 된다—연극은 항상 '종언 이후의 연극'이었고 언제나 유령처럼 매혹적이었다는 것을.

AI와 화장품?

포스트-포스트드라마 연극

포스트드라마 연극(PDT, Postdramatic Theater)에서는 비서사적 퍼포먼스, 신체성, 이미지의 물질성, 다매체적 요소가 두드러진다. 전통적 연극이 서사적 질서와 극적 인과율을 통해 현실을 재현했다면 PDT는 이러한 구조적 명료성을 해체하고, 관객을 불확실성과 감각적 충격 속에 들게 한다.

문제는 그것이 또 하나의 교조적 형식이 될 수 있다는 데 있다. 전통적 연극이 의미와 재현의 질서를 강요했던 것처럼 PDT의 반(反)재현적 형식 자체가 하나의 새로운 법칙이 될 수 있는 것이다. 과거엔 극이 현실을 재현해야 한다는 강박이 있었다면, 이젠 재현을 거부해야 한다는 강박이 그것을 대체함으로써 '양식화된 자유'로 왜곡될 수도 있다.

모든 것이 가시적으로 소비되고 즉각적 반응이 요구되는 환경 속에서, 연극이 AI와 VR를 적극적으로 수용하는 것도 간과할 수 없는 부분이다. PDT에서 관객의 감각적 충격과 즉각적 경험을 강조하는 것이 이 후기 자본주의의 스펙터클 구조와 교묘하게 맞물리기 때문이다. 이렇게 보면 PDT의 반서사적 태도는 해체가 아니라 새로운 형태의 동일성으로 기능할 수 있다. '서사의 종말'이라는 선언 자체가 일종의 신화가 될 때, 그 내부에서 더욱 철저한 또 다른 재현의 논리가 작동하고 있음을 부인할 수 없다.

위르스-먼비(Karen Jürs-Munby)는 '포스트-포스트드라마 연극(PPDT, Post-Postdramatic Theatre)'이라는 개념을 제시한다. 그는 PDT의 실천이 하나의 규범적 형식으로 정착되어 가고 있으며, 이러한 관습이 새로운 연극적 가능성을 제한한다고 지적한다. 그에 따르면 PDT는 더 이상 새롭지 않으며 익숙한 실험이 되어 버렸다. 감각적 경험의 강조가 통찰과 사유를 차단할 위험이 있고, 서사의 완전한 거부에서 오는 연극의 정체성 문제도 발생하며, 관객을 무대에 끌어들이는 참여형 공연 기법이 반복적으로 사용되면서 오히려 예측 가능한 형식으로 고착되어 간다는 것이다.

PPDT에서는 서사와 비서사적 요소가 공존한다. 감각적 몰입을 유도하는 것이 아니라 감각적 경험이 성찰적 사고와 결합되도록 만든다. PDT가 관객의 참여를 극의 성공 여부로 간주했다면, PPDT에서는 관객이 참여의 의미를 스스로 질문할 수 있도록 한다. PDT에서 공연 공간이 확장되고 극장 밖으로 이동하는 시도들이 많았다면, PPDT에서는 공간의 의미 자체를 변형하는 방식을 고민

한다.

PPDT는 PDT의 '억압을 해제해야 한다'는 억압에서 벗어나려는 움직임이라고 할 수 있다. 감각적 경험과 사유, 서사와 이미지도 PPDT에서는 상반된 것이 아니다. 여기서 연극은 다시 원래의 질문으로 되돌아온다. 하지만 그 질문은 애초의 것과 다르다. '연극이란 무엇인가'가 아니라 '무엇이 연극이 아니란 말인가'라는 질문이기 때문이다.

유의미한 비의미의 연극

포스드 엔터테인먼트(FE, Forced Entertainment)는 영국의 공연 예술 단체다. FE는 기존 연극이 지향한 서사적 의미와 PDT가 지향한 비의미의 영역을 넘나든다.

〈그리고 1000일째 밤에(And on the Thousandth Night)〉에서 배우는 계속해서 이야기의 시작을 반복한다. "옛날 옛적에(Once upon a time)", "그만(Stop)", "옛날 옛적에", "그만"이 끝없는 되풀이 속에서 관객은 이야기의 의미를 찾으려 하지만, 곧 그것이 끊임없이 지연됨을 깨닫게 된다. FE는 '무의미'가 아니라 '유의미한 비의미(meaningful meaninglessness)'를 지향한다. 이 연극은 PDT가 관습적 의미 체계를 파괴하고 난 후, 그 무너진 구조 속에서도 여전히 의미를 찾고자 하는 인간의 충동처럼 보인다.

〈마지막 탐험(The Last Adventures)〉에서는 배우들이 격렬한 전쟁놀이를 하다가 갑자기 무대 한쪽에서 아무렇지도 않게 쉬거나 다른 배우의 연기를 지켜본다. 심지어 배우가 실수로 무기를 떨어뜨리고 웃는 순간조차 그것이 연기인지, 진짜 실수인지 구별할 수 없다. 그들은 '연기'와 '비연기'의 경계를 초월한다. FE는 관객이 배우의 행동을 연기로 인식하려는 순간 그것을 해체하고, 비연기라고 받아들이려는 순간 그것을 다시 연기로 보이게 만든다. FE의 실험은 결국 연극과 비연극의 경계를 흐리게 만드는 작업이다. 때로는 너무 연극적이어서 현실처럼 보이고, 너무 현실적이어서 연극처럼 보인다.

FE의 장소 특정형 연극(site-specific theatre) 〈이 도시의 밤들(Nights in this City)〉에서는 관객이 버스에 탑승한 채 배우와 함께 도시를 여행한다. 이 여행 경로는 배우의 사적인 기억과 뒤섞인 방식으로 진행된다. 관객은 버스 창밖을 바라보며 이것이 연극인지 현실인지 질문하게 된다. 그리고 그 질문조차 곧 무의미해진다. 연극과 현실의 경계는 애초에 없었는지도 모른다는 깨달음에 이르기 때문이다.

FE의 작업은 PDT를 해체하면서도 그것을 대체할 새로운 형태를 확정 짓지 않는다. FE는 연극의 가능성과 불가능성이 공존하는 지점에서 분열된다. 연극을 포기하는 것이 아니라 연극이 결코 종결될 수 없음을 보여 준다.

연극의 주이상스, 주이상스의 연극

FE의 연극은 향유[주이상스(jouissance)]를 발생시킨다. 단순한 즐거움(plaisir)이 아니라 고통과 쾌락이 뒤섞인 주이상스 속에서 배우와 관객은 욕망과 결핍을 동시에 느낀다. 배우는 무대 위에서 반복적인 제스처를 수행한다. 그 반복 속에서 그들은 점점 더 지쳐 가고 괴로워하며, 심지어 연기를 멈추고 싶어 하는 것처럼 보이기까지 한다. 하지만 그들은 멈추지 않는다. 그것은 주이상스의 공간에서 벗어나지 못하는/않는 인간의 상태를 반영한다. FE의 배우는 속박된 공간에서 빠져나오려 하면서도 그것을 끝까지 수행하지 않을 수 없는 인간의 조건을 보여 주는 것이다.

배우는 끝없이 자신의 말과 행동을 철회하고 반박하고 심지어 스스로를 부정하는 방식으로 공연한다. 이 공연에서는 어떤 이야기도 완결되지 않는다. FE 연극은 '인간적인 것'을 강조하는 것이 아니라 인간의 불완전성과 자기 배신의 구조를 무대 위에 드러낸다.

인간과 인공지능의 차이가 여기에 있을지도 모른다. 인공지능은 텍스트를 끊임없이 생성하고 언제든 다시 서사를 이어 간다. 스스로에 대한 반박과 배반은 없다. 오류를 거듭 수정할 수 있지만 그 또한 정답이 있다는 것을 전제로 한다. 반면 인간의 불신, 반박, 배반은 아무것도 지향하지 않는다. 오히려 그 텅 빈 공허가 끝없는 자기 배반의 이유가 된다.

FE의 자기 배반은 그들의 창작 방식인 디바이징 드라마투르기(devising dramaturgy)와도 관련된다. 그들은 리허설을 통해 공연을 만든다. 누가 어떤 역할을 맡을지, 무엇을 말할지는 미리 결정되지 않는다. 배우는 즉흥적으로 말하고 장면은 놀이처럼 구성되며, 구성된 것들은 언제든 파기되고 공연이 끝나도 그 공연은 아직 미완인 무엇으로 남는다. 실수가 서사를 낳고 실패가 형식을 생성한다. 이 모든 단계에서 '의미'는 관객과 만나 사후적으로 발생한다. FE는 의미를 만들려 하지 않고 저절로 떠오르게 놔둔다.

디바이징은 미학적 통제를 포기함으로써 실재(the real)를 침투시킨다. 여기서 중요한 것은 실수를 견디는 감각이다. FE의 배우는 실수와 실패의 시공간에서 도망치지 않고 기다린다. 그리고 그것이 새로운 시작이 될 수 있게 타자를 향해 자신을 열어 둔다.

이러한 창작 방식은 비연극인을 유혹한다. 타자와 만나 '나'의 이야기를 하고 '너'의 이야기를 듣는 그 시공간도 디바이징의 연극이 될 수 있다. 나는 나의 이야기를 듣고 있는 너를 바라보고, 나의 실수를 견디면서 나를 보는 너를 보는 것이다. 나는 너의 응시 속에서 이야기를 말하는 내가 누구인지 모르게 된다. 그리고 너도 그렇게 분열되고 있으리라 짐작한다. 둘 사이의 서사는 뒤늦게, 사후적으로 생겨난다. 그 의미는 완결되지 않는다. 완결이란 항상 실재를 봉합하려는 욕망의 산물이기 때문이다. 디바이징은 그 욕망을 거부한다.

디바이징은 아무것도 감당하지 않는 SNS의 자기 전시와 다르다. SNS의 '나'는 알고리즘에 의해 승인된 자아의 복사본이다. 이 복사본은 곧바로 정체성의 인프라에 귀속된다. 디바이징은 그 반대다. 디바이징에서 '언어'는 정체성을 구축하지 않는다. 오히려 붕괴시킨다. 디바이징은 말하기가 아니라 말이 망가지는 것을 견디는 것이다. AI는 이 상황을 비효율적이라고 지적하고, SNS는 이 상황을 몰입 실패라고 진단할 것이다. 그리고 이 지적과 진단은 정확하다. 디바이징은 표현이 아니라 표현이 불가능한 상태를 감당하는 것이기 때문이다.

디바이징의 공간은 '말하는 공간'이 아니라 말이 작동하지 않을 때에도 관계가 끊기지 않는 공간이다. 말은 의사소통이 아니라 응시의 교차 속에서 미끄러지는 낯선 신체가 된다. 이때 대화는 매우 낯설다. '나'는 분명 나의 언어를 사용하고 있는데, 그 언어는 더 이상 나를 지탱하지 않는다. 언어는 나를 구조화하지 않고 해체한다. 그리고 이 해체의 와중에 이상하게도 어떤 감격이, 고요한 충격이 밀려온다. '내가 왜 이러지?' 하는 질문이 떠오를 때, 나는 오히려 진짜로 존재하는 것처럼 느낀다.

우리는 늘 말이 자신을 설명해 주기를 바란다. 그러나 정작 내가 진짜로 '살아 있다'고 느끼는 순간은 말이 나를 설명하지 못할 때다. 그 어색하고 낯설고 이상한 침묵 속에서 나는 '나'라는 감각의 경계를 처음으로 제대로 무너뜨리고 싶은 충동을 느낀다. 혼란스럽지만 그 혼란 속에 머물고 싶어진다.

참고문헌

이예은(2016). "폴스트 엔터테인먼트의 작품 창작 방식에 드러난 '포스트-포스트드라마 연극'의 가능성". 《현대영미드라마》, 99~121쪽.

Jurs-Munby, K.(2010). Text exposed: Displayed texts as players onstage in contemporary theatre. *Studies in theatre and performance, 30*(1), pp.101~114.

Lacan, J.(1973). *Le Seminaire: Livre XI*. Seuil. 맹정현 외 옮김(2008). 《자크 라캉 세미나 11》. 새물결.

10
우리는 연극을 하지 않을 자유가 없다

테아트룸 문디(Theatrum Mundi)는 세상이 거대한 무대이며 인간은 그 위에서 자신을 연기하는 존재라는 뜻이다. 이러한 세계에서 우리는 연극을 하지 않을 자유가 없다.
스마트폰은 또 하나의 테아트룸 문디다. AI 앱으로 언제든 쇼트 폼 영상을 그 무대에 올릴 수 있다. 동영상과 자막 생성, 음성 더빙, 스크립트 작성, 섬네일 디자인, 업로드까지 모두 자동으로 가능하다. 창작과 연출은 알고리즘이 하고 공연은 데이터가 하는 셈이다.
이것은 연극이 아니다. 이 공연이 아무리 반복되어도 '나'는 여전히 '나'이기 때문이다.

종교와 AI?

피나 바우슈의 〈카페 뮐러〉

무대는 어둡다. 의자와 테이블이 무질서하게 흩어져 있다. 한 여자가 들어온다. 긴 드레스를 입었다. 그녀는 방향을 모르는 듯 무작정 걷는다. 자세히 보니 눈을 감고 있다. 처음엔 부딪히지 않는다. 어떤 남자가 나타나 그녀보다 한 박자 더 빠르게 움직이며 의자를 치우기 때문이다. 그녀는 계속 걷고, 그는 계속 치운다. 그러나 머지않아 그녀는 부딪히기 시작한다. 남자가 너무 늦거나 너무 서둘러서 여자는 계속 넘어지고 다친다. 또 다른 여자가 무대로 들어온다. 그녀도 눈을 감고 있다. 이번에는 더 격렬하다. 그녀는 팔을 휘저으며 무엇인가 찾는 듯한 행동을 한다. 그러나 그녀는 찾을 수 없다. 찾지 못하는 것이 아니라 무언가를 잡더라도 그것이 찾던 것인지 알지 못하기 때문이다. 무대 뒤편에서 또 한 명의 남자가 다가온다. 그는 여자를 끌어안는다. 따뜻한 포옹이 아니다. 그는 그녀를 들어 올렸다가 바닥에 떨어뜨린다. 그녀를 감싸 안았다가 밀어낸다. 그녀를 놓아 주었다가 다시 움켜쥔다. 사랑인지, 폭력인지, 구원인지, 감옥인지 알 수가 없다. 다시 한 남자가 무대 구석에서 벽을 향해 걸어간다. 그는 서 있다. 마치 무언가를 기다리는 듯 아무것도 하지 않는다. 바로 그 순간, 여자가 달려와 그를 밀어붙인다. 그녀는 그를 끌어안는 듯 보이지만 충돌일 뿐이다. 그녀는 반복적으로 그를 붙잡고 놓치고 다시 안는다. 배우들은 모두 어떤 목적을 향해 가는 것 같지만 그 목적지는 영원히 도달할 수 없는 곳처럼 보인다. 마침내 처음 등장했던 여자가 다시 무대 중앙에 선다. 여전히 눈을 감고 있다. 이번에는 아무도 의자를 치우지 않는다. 그녀는 그대로 걸어가고 또다시 그녀는 부딪힌다.

바우슈(Pina Bausch)의 작품에서는 배우가 넘어지고 미끄러지고 다시 일어선다. 배우는 감정을 전달하지 않는다. 감정을 견디는 신체를 드러낸다. 뮐러는 바우슈의 작품을 해석하면서 〈신발에 피가, 혹은 자유의 수수께끼(Blut ist im Schuh, oder Das Ratsel der Freiheit)〉라는 제목을 붙였다. 신발에 피가 묻었다는 표현은 그림(Grimm)의 동화 〈신데렐라〉의 한 장면에서 유래한다. 신데렐라의 계모는 구두에 자기 딸의 발을 맞추기 위해 큰딸의 발꿈치와 작은딸의 발가락을 잘라 낸다. 새들이 외친다―"신발에 피가". 진실은 발끝에서 흘러나오는 피로써 폭로된다. 이 피는 욕망의 이면에 숨겨진 폭력의 흔적이다. 뮐러가 보기에 바우슈의 '자유'는 신발에 맞춰 발꿈치와 발가락을 자른 자에게만 주어지는 자유였던 것이다.

뮐러는 바우슈의 무대를 숨바꼭질에도 비유한다. 아이들은 숨으려고 하지만 결국 들키고 마는 것처럼, 바우슈의 퍼포머는 무대에서 벗어나려 하지만 결국 무대 자체가 그들을 다시 끌어들인다. 그들은 행위를 멈출 수도, 도망칠 수도 없다. 이것은 욕망의 구조와도 같다. 욕망이란 충족될 수 없는 것이기 때문에 지속된다. 욕망이 충족되는 순간, 그것은 욕망이 아니다. 바우슈의 무대는 욕망의 장소다. 그들은 욕망하지만 욕망의 대상에 도달하지 못한다. 행위는 끝없는 결핍을 생산할 뿐이다.

해방된 관객

〈카페 뮐러(Café Müller)〉에는 일관된 서사가 없다. 배우가 관객을 향해 말을 걸지도 않는다. 그들은 반복적으로 움직일 뿐이다. 관객은 객석에 붙들려 있다. 배우가 다치고 고통스러워해도 무대 위로 올라가 도움을 줄 수 없다. 그들은 연극에 개입하지 못한다. 관객은 무대에서 벌어지는 일에 아무런 영향을 미칠 수 없다. 그리고 이 완전한 무력함 속에서 관객은 연극과 불가분의 관계를 맺는다. 그들은 아무것도 하지 않지만 바로 그 '아무것도 하지 않는 행위'가 연극을 만들어 간다. 관객은 무대에서 배제됨으로써 역설적으로 연극 속에 포함된다. 타자의 고통을 보면서 무력한 자기 존재를 절감하기 때문이다.

관객을 적극적인 행위자로 참여시키려 했던 포스트드라마 연극의 관점에서 〈카페 뮐러〉의 관객은 수동적이고 방관자적이다. 그러나 낭시(Jean-Luc Nancy)의 관점에서 볼 때 〈카페 뮐러〉의 관객은 '해방된 관객(emancipated spectator)'이 된다. 관객은 수동성과 능동성의 대립 속에 위치하지 않는다. 관객이 극적 서사에 개입하지 않더라도 그들은 연극과 상호 작용한다. 관객에게 '행동하는 것'과 '보는 것'은 상반되지 않는다. 관객이 연극을 경험한다는 것은 무대 위로 올라간다는 뜻이 아니라 연극을 해석하고, 자신의 삶에 그것을 전이한다는 의미다.

〈카페 뮐러〉를 보고 눈물을 흘리는 남자가 있다. 알모도바르(Pedro Almodóvar)의 영화 〈그녀에게〉의 인물 '마르코'다. 마르코의 눈물은 감동으로 설명될 수 없다. 이 눈물은 무언가를 느꼈기 때문이 아니라 아무것도 할 수 없는 마비된 자에게 허락된 유일한 신체적 증상이었을 것이다. 눈물은 말하지 못하는 자리에서 몸이 대신하는 말이다.

그는 눈을 감고 있는 배우들 대신 의자를 치워 주고 싶었을 것이다. 눈을 뜨라고 말하고 싶었을 것이다. 그러나 그는 얼어붙어 있다. 객석에서 그는 무력하다. 그는 무위의 행동에 처해진다. '하다'와 '하지 않다'의 딜레마 자체가 그를 주체로 만든다. 그는 참여하지 않지만 이 '참여하지 않음' 자체가 하나의 수행(performance)이 된다. 그는 행위자(actor)가 아니라 불능자(inactive subject)로서 수행하는 것이다.

이는 '눈 감은 배우'와 '눈 뜬 관객', '행위하는 자'와 '얼어붙은 자'라는 구조 자체에서 비롯된다. 마르코는 공연을 본다. 그는 울지만 무대 상황을 바꾸지 못한다. 그러나 그가 울었다는 사실이 이미 공연을 바꾸었다.

〈카페 뮐러〉를 본 후, 그는 더 이상 기존의 방식대로 살아갈 수 없다. 그는 연극 안에서 경험했고 전이되었고 변형되었다. 무대는 그를 건드렸고, 그는 다시 이전의 '동일자'로 돌아갈 수 없는 것이다.

연인 리디아가 코마 상태에 빠진 후, 그의 행동은 이 경험 · 전이 · 변형과 무관할 수 없다. 리디아는 〈카페 뮐러〉의 무용수처럼 아무것도 볼 수 없다. 눈을 감은 채 춤을 추는 여자와, 여자가 부딪히지 않도록 의자를 치우는 남자는 곧 리디아와 마르코의 관계가 된다—눈 감은 주체와 눈 뜬 무능자.

따라서 마르코는 '해방된 관객'이다. 그는 연극적 상호 작용에 참여하지 않았지만 그 상호 작용의 가능성 자체를 불능 속에서 체현한다. 〈카페 뮐러〉 이후, 동일한 삶으로 돌아갈 수 없다는 것도 그의 '해방'을 증명한다. 그는 연극을 기억하는 것이 아니라 연극이 되어 버린 것이다. 이것은 낭시가 말하는 '몸의 공명'이다. 마르코는 리디아의 혼수상태 속에서, 그녀의 신체가 발화하지 않음에도 불구하고 그녀의 신체와 함께 공명한다. 그는 그녀의 침묵과 무반응을 견디는 감각의 주체가 된 것이다.

〈카페 뮐러 2.0〉의 휴머노이드

인공지능이 각색 · 연출하고 배우로 출연하는 〈카페 뮐러 2.0〉을 상상해 보자. 한 여자가 들어오고 그녀가 의자에 걸려 넘어진다. 이어 매끈한 금속 피부를 가진 휴머노이드가 나타난다. 그(것)의 눈은 열려 있고 깜박이지 않는다. 그리고 정확하고 빠른 속도로 의자를 치운다. 여자의 움직임을 추적하고 막아 낸다. 여자의 비틀거림은 예측 불가이지만 그(것)는 이조차 계산하려는 듯 더욱 정확하고 기계적으로 행동을 반복한다. 여자가 쓰러지려는 순간, 정확한 각도로 팔을 뻗어 그녀를 붙잡는다. 그 손길은 부드러우나 온기가 없고, 지탱하나 감싸지 않는다. 휴머노이드에게 기댈 의지가 없는 여자는 그 매끄러운 피부 때문에 계속 더 미끄러진다. 휴머노이드는 다시 여자의 움직임을 예측하고 제어하려 하며, 보호하려 한다. 동시에 그 행위는 의도치 않게 그녀를 더욱 비틀거리게 만든다. 이 부조화 때문에 휴머노이드의 제스처는 구원 같기도 하고 통제 같기도 하다. 혹은 폭력처럼 보이기도 한다.

이 공연에서 여자와 휴머노이드의 관계는 인간과 인간의 관계와 흡사하다. 인간과 인간 사이의 구원 또한 폭력과 통제의 요소를 내포한다. 한 사람이 다른 사람을 구원하려는 순간, 그것은 상대를 구조적 종속으로 몰아넣는다. 상대를 돌보려는 행동은 상대의 취약함을 강조하며 그를 도움 받는 자로 위치시킨다. 관계 속에서 상대를 더 완벽하게 이해하려 할 때, 그 이해가 상대를 더 소외시키는 결과를 가져온다. 〈카페 뮐러 2.0〉은 이런 인간관계의 딜레마를 보여 주는 것이다.

〈카페 뮐러 2.0〉은 인간과 비인간 관계의 알레고리로 볼 수도 있다. 인간이 쓰러지고 휴머노이드는 그녀를 일으킨다. 그러나 휴머노이드는 그녀가 왜 쓰러졌는지 이해하지 못한다. 그/것은 넘어짐을 오류로 인식하고 교정하려 하지만, 정작 인간관계에서 중요한 것은 오류 자체가 아니라 오류를 함께 감당하는 것이다. 이해라는 것이 완벽한 패턴 인식이 아니라 이해할 수 없는 것과 함께 머무르는 능력이라면, 휴머노이드는 결코 인간을 이해할 수 없다.

만약 〈카페 뮐러 2.0〉이 자본주의 스펙터클이 되려고 했다면 원작을 거의 동일하게 시뮬레이션했을 것이다. 기계임을 드러내는 휴머노이드가 아니라 인공 피부와 머리카락을 가진, 동공의 조리개와 호흡을 흉내 내는 가슴의 미세한 움직임까지 장착한 안드로이드가 연기했을 것이다. 관객은 환호하고 감탄했을 것이다. '연극과 테크놀로지의 경이로운 융합'이라 칭송하고, 투자자는 이 프로젝트를 더욱 확장하려 할 것이다. 테크놀로지 쇼케이스는 글로벌 AI 기술을 홍보하는 마케팅 도구가 되고 다시 자본으로 환수될 것이다.

진정한 자유는 선택의 자유가 아니라 선택할 수 없음을 받아들이는 자유다. AI를 사용할 것인가, 말 것인가 —이 물음은 거짓이다. 이미 모든 시스템은 AI적 조건에 포섭되어 있기 때문이다. 선택은 환상이다. 선택하지 못하는 것을 선택했다고 믿게 만드는 것, 그것이 이데올로기다.

AI가 선택 불가능한 조건이라면 연극은 거부 불가능한 '응시'다. AI가 모든 질문에 대답할 때, 연극은 그 질문이 어떻게 왜곡되었는지를 깨닫게 한다. 결국 우리는 연극을 하지 않을 자유가 없다. 연극은 이 세계의 조건에서 선택 불가능한 어떤 잉여이기 때문이다.

참고문헌

이준서(2024). "피나 바우쉬의 텍스트 너머 연극을 향한 하이너 뮐러의 시도". 《독어교육》, 295~318쪽.

Rancière, J.(2008). *Le spectateur emancipe*. La fabrique éditions. 양창렬 옮김(2016). 《해방된 관객》. 현실문화.

한귀은

경상국립대학교 국어교육과 교수. 부산대학교에서 국어국문학 문학 박사 학위를 받았다. 《모든 순간의 인문학》, 《연행을 통한 문학교육》, 《이토록 영화 같은 당신》 등을 썼고, 논문으로는 “메타극의 공연기호학적 소통 과정”, “폭력의 알레고리, 놀이·제의로의 양식화”, “미감 회복을 위한 교육연극: 잔혹미를 중심으로”, “21세기 교육연극의 정체성 모색을 위한 학제간 논의” 등이 있다. 《세계일보》, 《부산일보》, 네이버 등에 인문학 칼럼을 연재했다.